新教学大纲背景下中学化学教学实践与育人研究

于　凯　王　静　高爱娜　著

中国商业出版社

图书在版编目（CIP）数据

新教学大纲背景下中学化学教学实践与育人研究 / 于凯，王静，高爱娜著. — 北京 ：中国商业出版社，2024. 7. — ISBN 978-7-5208-2996-0

Ⅰ. G633.82

中国国家版本馆 CIP 数据核字第 2024ZT8568 号

责任编辑：李　飞

（策划编辑：蔡　凯）

中国商业出版社出版发行

（www.zgsycb.com　100053　北京广安门内报国寺 1 号）

总编室：010－63180647　编辑室：010－83114579

发行部：010－83120835/8286

新华书店经销

河南美轩印务有限公司印刷

787 毫米×1092 毫米　16 开　10.5 印张　236 千字

2024 年 7 月第 1 版　2024 年 7 月第 1 次印刷

定价：52.50 元

＊　＊　＊　＊

（如有印装质量问题可更换）

前　言

在深化教育教学改革背景下，2022年新颁布的《义务教育化学课程标准》在结构与内容上都有很多变化。例如，坚持以提高科学素养为导向的原则，重新厘清课程的目标，优化课程内容，对中学化学课程的教学实践提出新的要求。同时，初中阶段的学生正处于身心发展、变化的关键时期，更需要教师积极关注学生的德育，以保证学生能够在良好的思想意识与道德品质的构建下得到全面的成长。

根据目前初中化学教育教学实际和教师专业发展需求，编者在多年教学实践基础上编写本书，并进行多次修改。本书主要阐述了初中化学的教学实践和育人研究两部分内容。其中上篇是教学实践，主要包含五个项目，分别为中学化学课堂教学策略初探、课堂教学设计与实践初探、面向低年级学生开设科学探究校本课程的实践与反思、中考试题中实验探究题的突破训练实践总结、大单元整体教学的实践与反思；下篇是育人研究，主要包含四个项目，分别为浅谈培养学生良好行为品质的策略、学生人际交往辅导方法、学生自信训练途径和方法、学习落后的心理辅导。

本书具有如下特点。

(1) 注重科学性、实践操作性，便于教师在课堂教学的实施与运用。在教学实践篇，采用理论与实例相结合的方式，使教师了解教学设计中可以进行创新和引起学生兴趣之处，从而引发教师进一步的头脑风暴，使他们能够举一反三，增强其教学的技巧性。通过“教学反思”可以使教师了解在教学过程中存在的问题，并提出相应的解决措施。

(2) 立足教师专业发展，强调学以致用和学科普适性，增强教师的专业技能。

(3) 在育人研究篇，将理论融入相应的案例中，具有较强的应用与指导价值。

本书由于凯、王静、高爱娜共同编著而成，项目一至项目七由于凯编写，项目八由王静编写，项目九由高爱娜编写。

本书内容丰富、条理清楚，力求系统完整、简明实用，是一本值得学习研究的著作。本书可作为中学一线化学教师的教学参考书，同时可以供化学教学研究者、教师继续教育培训以及师范院校教师、学生阅读参考。

本书在编写过程中，参考了大量的文献资料，包含书籍、网络资料以及国内外专家学者的研究成果，在此谨向原作者表示最诚挚的敬意。由于编者的视野和水平有限，疏漏之处在所难免，恳请广大读者批评指正。

编　者

2024 年 4 月

目录

上篇　教学实践

下篇　育人研究

上篇

教学实践

项目一　中学化学课堂教学策略初探

初中化学新课程确立了知识与技能、过程与方法、情感态度与价值观三位一体的课程与教学目标，这是化学教学的核心内涵，也是新课程推进素质教育的集中体现。当前我国基础教育课程改革提出了全新的教育目标和学习方式，提倡和发展多样化的学习方式，特别是提倡自主、探究和合作的学习方式。高效的化学教学是指化学教师遵循化学学科的客观规律，以尽可能少的时间、精力、物力投入，取得较好的教学效果。有效教学的衡量标准，并不是指教师有没有完成教学内容或教得认真不认真，而是学生在学习的过程中有无进步或者发展。学生良好的学习方式及习惯的培养在一定程序上依靠教师的指导，要求教师在实践教学中观察和研究当今学生的学习特点和学习规律，指导学生主动学习，促进学生转变学习方式。

在教学过程中，笔者主要采取了以下做法。

一、激发兴趣

伟大的科学家爱因斯坦说："兴趣是最好的老师。"兴趣是求知的巨大动力，是发明创造的源泉。兴趣的培养在于诱导。作为化学教师，肯定经历过这样的事情——学生在刚接触化学时，会对化学颇感兴趣，尤其对化学实验更会感到有意思。所以前半学期很多学生能取得优秀的成绩，但到后期就会发现成绩会来个大转弯。为什么？因为当学到化学用语、元素符号和基本概念，尤其是分子、原子这样抽象的知识时，他们会感到难懂、枯燥无味，甚至他们原有的对化学学科的兴趣会消失。如何在教学中培养和保持学生学习化学的兴趣，引导学生突破初中化学知识的分化，使原有的、暂时的兴趣转变为稳定的、持久的兴趣呢？

1. 情境导入

一个好的导入方式可以让学生在最短的时间内以最佳状态进入课堂教学。在课堂导入中创设情境的方法有很多，可以从化学实验、学生生活、生产活动、科技发展等方面选择，可借助一个化学实验、一段化学史故事、一段与生产或生活有关的多媒体视频等方法设计悬念，提出问题。

在“生活中的酸和碱”的第一课时中，在学生充分预习的基础上，笔者以这样的情景剧导入：物质王国发生了一宗盗窃案，柠檬汁、肥皂水、石灰水等全部丢失，国王派了两个警察把他们找出来……参加表演的学生都很投入，其他学生的情绪也被完全调动起来，取得了良好效果。

2. 适时适当的幽默

课堂教学的氛围是影响教学效果的一个重要原因，这种良好的氛围创造，除了依靠教学内容、教学方式等之外，适时适当地使用幽默的语言，也是不可缺少的。例如，在讲解地壳中元素含量时需要记住前几种元素的顺序，采取谐音记忆“氧硅铝铁（养闺女贴）”，让学生在欢笑中学习到知识。

3. 形象的比喻

有些化学概念、原理很抽象，物质的微观结构肉眼无法看到，有些物质学生不熟悉，有些可以通过实验，有的还没有条件做到实物观察。教师若能采用恰当的比喻，就会对化解学生的困惑、降低理解的难度有独特的效果。例如，在学习原子与元素的区别时，好多学生不理解“原子既讲种类，又讲个数”。笔者通过“买水果”的例子来帮助学生理解：若买者说“我买几斤水果”，行不行？应该怎么说？学生齐声回答“几斤苹果或梨等”。学生通过“水果”“蔬菜”等只能说种类不讲个数，而苹果、梨等既讲种类又可说个数，理解元素和原子的区别与联系。只要我们注意学习、思考、总结，这些例子还有很多。

二、关注学法

古人说得好：“供人以鱼，只解一餐；授人以渔，终生受益。”因此，教师指导学生掌握科学的学习方法十分重要。对学生进行学法指导应遵循“道而弗牵”“强而弗抑”“开而弗达”的原则，从听课、实验、观察、提问、记忆、总结等多方面进行指导。例如，在氧气的实验室制取方法课中，以前对于如何选择发生装置和收集装置没有过多讲解，现在教材中设计了一个活动天地“实验室制取气体物质的思路分析”。学生自己就可以通过这一模块的学习，既掌握了制取氧气的方法，又为以后学习二氧化碳的实验室制法做好铺垫。这一模块使学生能把这种制取气体的思路应用于其他气体的制取上，这样就更有利于学生自主学习。

三、注重实验

实验是化学的灵魂。学生不仅可以通过实验学到知识，提高实验探究能力和创新能力，还可以培养科学态度、科学方法和环保意识，提高学习兴趣。在实验教学中能演示的不要讲解，能分组的不要演示。新教材中增加了“到实验室去”模块，在教学中要充分利用好这个环节。几年来让笔者感触较深的是在演示实验中学生很难发现问题，而分组实验时发现的问题数不胜数，可以趁此机会让学生通过实验探究去解决所发现的问题，而不是像以往那样告诉学生在实验过程中可能会遇到什么，怎么去解决，变被动为主动。

在实验课上，作为教师可以通过引导、参与、组织交流等活动，创设一个生动直观的学习情境、和谐平等的交往场景、充满生机和活力的课堂，营造一种和谐平等的师生关系。适当减少课堂讲授时间，增加学生自主动手的时间，营造课堂教学的创新化情景，让学生在现代化环境中学习。通过信息技术的不断更新和开发，不断地提供给学生新的环境，为学生营造一个自主、合作的学习环境，学生由传统教学中单纯听讲和被动接受知识的地位，转变为自主学习与积极探索知识的主体地位。这样既有利于成绩好的学生进行超前学习和竞争性学习，发挥其学习的积极性和主动性，锻炼和提高其自学能力，也有利于基础差的部分学生按自己的知识水平和能力层次来选取知识内容，进行选择性学习和合作化的学习，以便养成良好的学习化学的习惯，防止其因为产生厌学情绪而失去学化学的信心。

在这样的环境中，学生的学习能力会逐渐增强。对于初三学生来说，他们对化学实验具有强烈的好奇心，很容易被突如其来的新现象吸引，从而忽略了真正的观察。为此，教师一开始就注意当好领航员，告诉学生应该观察什么。其实，所谓观察实验现象，就是要观察实验过程中物质的状态和颜色的变化以及是否伴有发热、发光，产生气体，生成沉淀等现象。这样经过一段时间的“领”，培养学生逐步形成独立观察的习惯。教师在实验教学中要指导学生怎么观察。实验前，要求学生观察药品的状态、颜色以及仪器的形状和连接方式。实验中，要求学生集中精力观察，力争做到看准、看细，避免感知信息的方式存在片面性，同时还要善于带着问题去观察，抓重点，抓本质，对一些异常现象也不放过。例如，做镁带的燃烧实验，学生容易将实验现象简单描述为“剧烈反应，发出耀眼的强光”，其实伴随镁带的燃烧，还向上升起了一缕白烟，更重要的现象是燃烧前物质是银白色，有金属光泽，有弹性，而燃烧后物质是白色，无光泽，松脆粉末状固体。这一现象说明发生变化后，生成了新的物质，这正是此实验的本质。抓住此实验的本质，再进一步指导学生学会观察。

德国哲学家叔本华曾经说过：“记录在纸上的思想就如同某人留在沙漠上的脚印。我们也许能看到走过的路线，但若想知道他在路上看见了什么东西，就必须用自己的眼睛。”因此，在化学教学过程中，教师不宜把结论直接告诉学生，而应合理创设情境，指导学生自己去参与，自己去探索，即教会学生学会探究。探究性学习是学生从问题或任务出发，通过形式多样的探究活动，以获得知识和技能、发展能力、培养情感体验为目的的学习方式。在教学中，教师对一些知识应该尽力让学生自己去探究，自己去寻找问题，解决一些疑难。

四、精选精练、讲解透彻

中考化学试题的命题形式及考查内容都出现了较大的变化，命题思路正在努力体现义务教育新课程的要求，联系其他学科知识、生产生活实际和以社会热点为背景的大量试题出现。发生在人们身边的化学现象，常以给予信息的题型来考查学生，试题主要考查学生灵活运用化学知识的能力。对于这样的情况就不能以一种旧有的思维和方法对待，比如，仍旧使用“题海战术”“背多分”等呆板、低效和枯燥的教学方法，浪费了学生大量学习时间。以难倒学生为骄傲的偏、难、怪的边缘题让学生苦不堪言，极大地压抑了学生的学习积极性、主动性和灵活性，培养了大量高分低能的学生，使成绩好的学生成为书呆子，成绩差的学生沦为看客或流生。因此，初中化学习题教学一定要根据义务教育新课程标准的要求，科学、合理地选择习题，有针对性地、灵活地讲解习题，从而提高学生运用化学知识，探究和解决实际问题的能力，同时促进学生在情感与态度、求知与兴趣、实践与认知等方面的发展，以达到使学生的综合素质全面提高的目的。

在讲解一些比较复杂的题目时，可以借助图形等形式来帮助学生理解。比如，高温煅烧 10 克碳酸钙，一段时间后停止加热，测得剩余的固体中钙元素的质量分数为 50%，求实际反应生成的二氧化碳是多少？有很多学生看到这道题无从下手，但通过观察图形则很容易得出在这个过程中固体中钙元素质量一直不变，抓住这个突破口就容易解决这道题了。

五、按级定标异步达纲

具有客观性和可测性的教学目标使教学过程具有多向性和科学性。制定分层目标必须精心钻研大纲，精心研究教材，精心了解学生，三者缺一不可。层次目标要明确而具体，从教材内容上来说，可分为记忆性目标、理解性目标和运用性目标。在制定目标时做到保“底”而不封“顶”，保证每位学生的求知需要得到满足，改变过去“一刀切”“一步到位”的做法，对待后进生采取先慢后快、由浅入深、循序渐进的方法，对优等生则允许超大纲、超进度。这样较好地解决“吃不饱”与“吃不了”的矛盾，准确把握各类学生的“最近发展区”。例如，《金属的化学性质》一节，要求基础差的学生基本掌握几种金属（铁、锌、镁）的性质，背诵金属活动顺序，能够书写课本中出现的化学方程式；中等学生掌握较多的金属与酸、盐、氧气反应的性质，能够用实验证明活泼金属能与盐酸反应放出氢

气，较熟练地书写化学方程式；优秀学生除了掌握以上一些知识外，还要自己通过实验排出金属活动顺序，如用铁、铜、盐酸、硫酸铜溶液和硝酸银溶液来验证铁、铜、银的金属活动顺序。不同的教学要求，使不同层次学生都学有所得，学得轻松而且能牢固掌握知识。

初中化学的核心是培养学生的探究精神和创新能力，提高学生的科学素养。教学上要改变过于强调接受学习、死记硬背、机械训练的现状，特别是要倡导学生主动参与、勤于动手，强调自主获取新知识的能力、分析和解决问题的能力及交流合作的能力。新教材的设计增加了彩图、生动的卡通图片、有趣的课外小活动、亲切的问题设计，密切联系生产与生活，使学生感受到化学就在生活中，生活离不开化学，进而增加学习化学的动力。面对新的现状，初中化学教师应深入地思考，重新审视教学思路，更新观念，有的放矢，制定新的教学策略，切实有效地组织化学教学。

实例一　实验室制取氧气

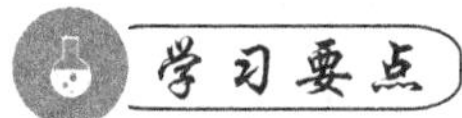

【学习目标】

（1）掌握实验室固固加热与固液常温制取氧气的化学反应原理和装置选择；

（2）了解氧气的工业制法，学会分离液态空气制氧气；

（3）通过实验活动，能灵活运用比较学习法和实验探究法。

【学习重点】

学会根据物质的不同状态选择制取气体的装置。

【学习难点】

制取气体装置的选择依据。

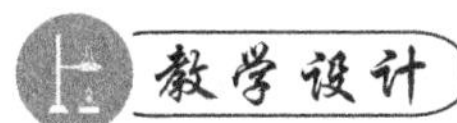

一、创设情境

分解高锰酸钾制氧气需要用到酒精灯加热，而分解过氧化氢制氧气不需用酒精灯，那么，在制取氧气的实验中，发生装置与收集装置该怎样选择呢？

二、新课学习

（一）知识点1：气体制取装置的选择

1. 发生装置的选择

讲解：用高锰酸钾或氯酸钾和二氧化锰的混合物制取氧气，反应物均为固体，反应条件均为加热，因此选择固固加热型装置（见图1-1）；分解过氧化氢制取氧气反应物为固体和液体，不需要加热，选择固液常温型装置（见图1-2）。故选择发生装置的依据是：反应物的状态和反应条件（是否需要加热）。

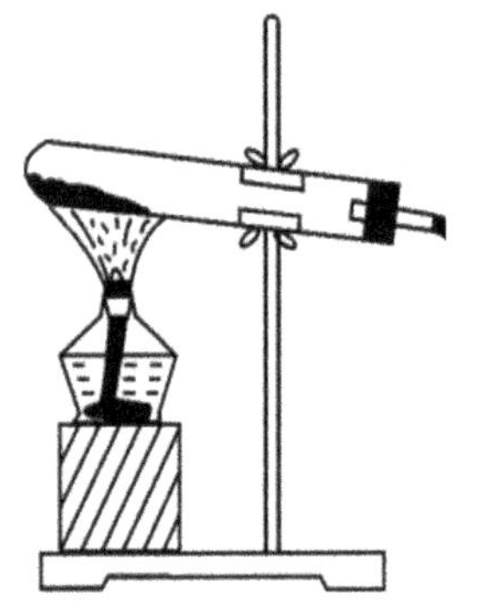

图1-1　固固加热型装置

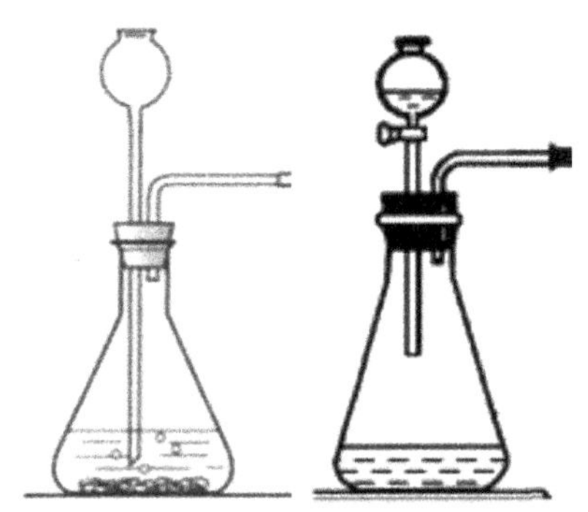

图1-2　固液常温型装置

注意：高锰酸钾稍微加热就可以释放出氧气，但加热时常出现氧气流把粉末吹到导管中的现象，故用高锰酸钾制氧气时，要在试管口处放一团棉花，以防止高锰酸钾粉末进入导管，堵塞导管。

2. 收集装置的选择

讲解：选择的依据是气体的溶解性和气体的密度。当气体难溶于水或不易溶于水且与水不反应时可用排水法收集，如图1-3所示。因为氧气不易溶于水且不与水反应，可以用排水法收集而且收集的气体比较纯净；当气体的密度比空气大且不与空气中的成分反应时，可用向上排空气法收集，如图1-4所示，氧气的密度比空气密度大，可用此法收集，收集的氧气比较干燥。当气体的密度小于空气的密度且不与空气中的成分反应时，可采用向下排空气法收集，如图1-5所示。用排水法收集气体时，导管伸到集气瓶口即可，不能伸入太长；用排空气法收集气体时，导管必须伸入集气瓶底部，便于排净集气瓶内的空气。

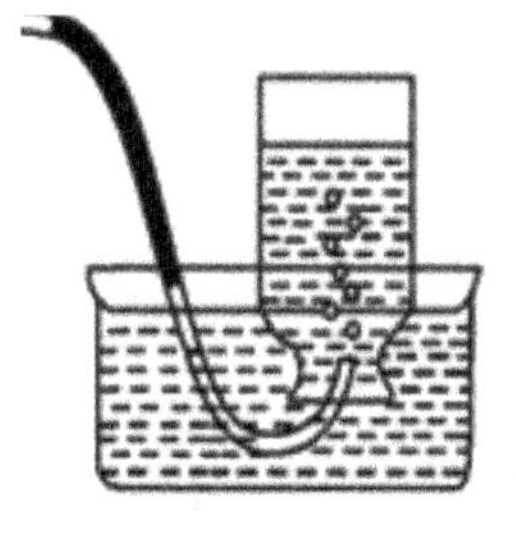
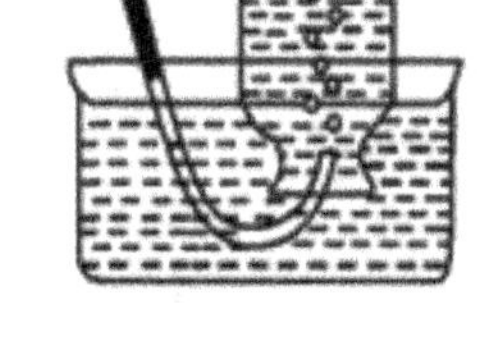

图 1-3　排水集气法

图 1-4　向上排空气法

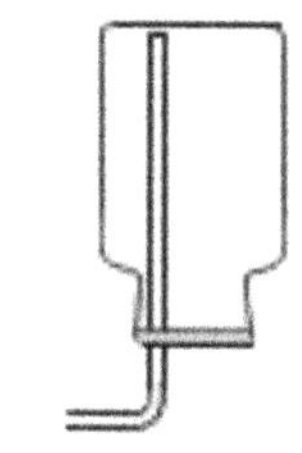

图 1-5　向下排空气法

3. 装置的气密性检查

讲解：将装置导管口的一端伸入水中，用手紧握试管壁，手掌的温度高，使试管中的空气受热膨胀，经导管口排出气泡，手掌离开后导管中形成一段稳定的水柱。这一现象说明了装置不漏气，反之则装置漏气。

⊙拓展

制取装置展示

气体的制取装置多种多样，在实验中会遇到不同的情况，只有首先分析好反应物的状态、反应条件、制取气体的溶解性及密度大小等条件，才能准确选择合适的实验装置，制得气体。

提问：同学们能自己组装好三种实验室制取氧气的实验装置吗？

讨论：学生分组交流、讨论。

回答：

(1) 分解高锰酸钾制取氧气（见图 1-6）。

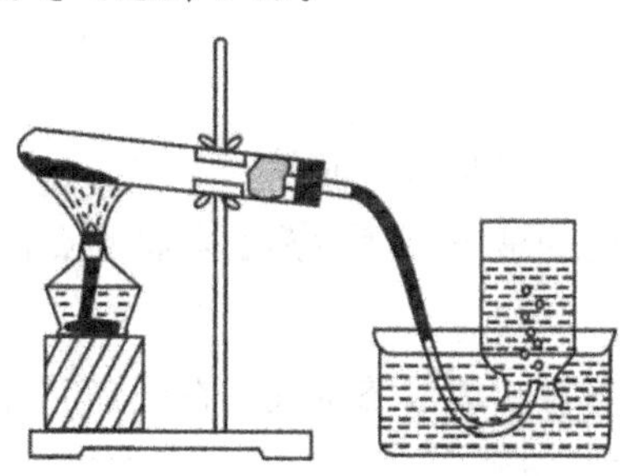

图 1-6　分解高锰酸钾制取氧气

(2) 分解过氧化氢制取氧气（见图 1-7）。

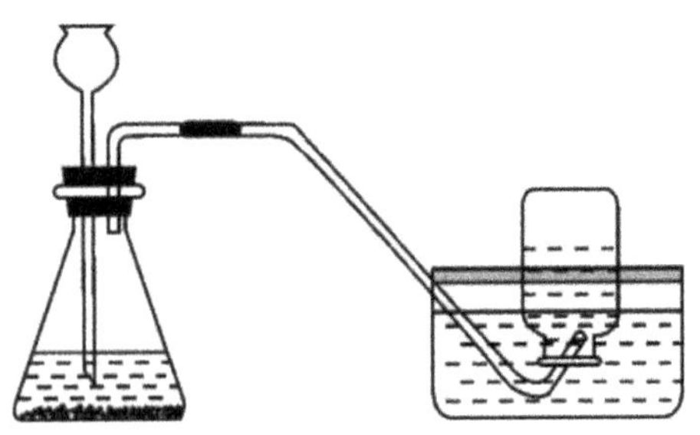

图 1-7 分解过氧化氢制取氧气

（3）分解氯酸钾制取氧气（见图 1-8）。

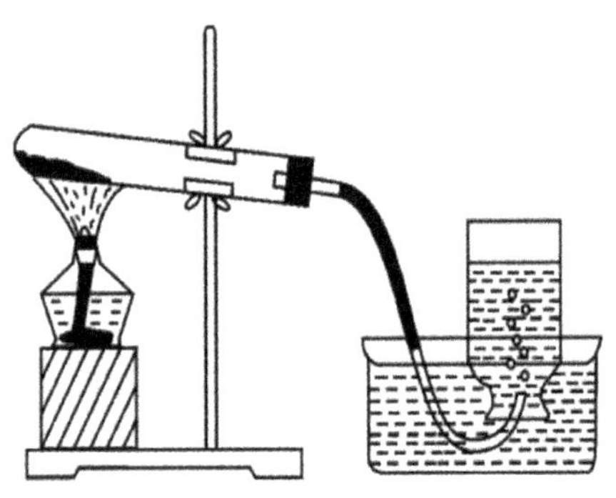

图 1-8 分解氯酸钾制取氧气

（二）知识点 2：氧气的工业制法

1. 分离液态空气法（物理变化）

（1）原理：利用液态氮气（－196 ℃）和液态氧气（－183 ℃）沸点不同这一特点，在低温条件下加压，使空气转变为液态，然后蒸发，将沸点低的氮气先蒸发出来，剩下的主要就是液氧了。

（2）过程：空气通过加压低温变成液态空气，在－196℃蒸发分离氮气和氧气。

2. 氧气的工业制法

分离液态空气法（物理方法）。

讲解：利用氮气（－196 ℃）和氧气（－183 ℃）沸点不同这一特点，在低温条件下加压，使空气转变为液态，然后蒸发，将沸点低的氮气先蒸发出来，剩下的主要就是液氧了。

三、课堂小结

实验室制取氧气主要有以下几种方法：①高锰酸钾分解法；②过氧化氢分解法；③氯酸钾分解法。实验过程中，我们要注意安全，遵循实验规则，确保实验的成功进行。通过这次课堂学习，学生不仅了解了氧气的重要性，还学会了实验室制取氧气的方法。这些知识对于学生今后的学习和生活都有着重要的意义。

教学反思

本节内容要求学生们遇到问题能全面考虑，激发了他们钻研、探索的精神力量，培养学生主动学习的习惯，动手操作、团结协作、交流讨论都是学好化学的基础。

在实验开始之前，需要明确实验的目的，即制取氧气，这样可以更好地理解实验原理，改善实验效果。在实验过程中，需要掌握实验原理，了解氧气的来源、性质以及制取方法。这样在遇到问题时，可以迅速找到解决办法，保证实验的顺利进行。

实验操作规范：在实验过程中，需要严格按照实验步骤进行操作，确保实验的安全和有效性。例如，在加热氯酸钾制取氧气时，需要控制好加热速度，避免产生过多的热量；在分解过氧化氢制取氧气时，需要控制好浓度和温度，以保证氧气的生成。

实验安全意识：在实验过程中，需要时刻保持安全意识，遵守实验室规章制度，确保实验的安全进行。例如，在加热氯酸钾制取氧气时，需要佩戴好防护眼镜和手套，避免烫伤和化学伤害；在分解过氧化氢制取氧气时，需要避免产生火花，防止发生爆炸。

实验结果分析：在实验结束后，需要对实验结果进行分析，总结实验中的成功和失败经验。例如，在加热氯酸钾制取氧气时，可以通过观察气泡的产生和收集到的氧气量来评估实验效果；在分解过氧化氢制取氧气时，可以通过观察氧气的产生速度和收集到的氧气量来评估实验效果。

实验总结与反思：在实验结束后，需要对整个实验过程进行总结和反思，找出实验中存在的问题和不足，以便在今后的实验中加以改进。例如，在加热氯酸钾制取氧气时，可以尝试改变加热方式和时间，以提高氧气的生成效率；在分解过氧化氢制取氧气时，可以尝试改变浓度和温度，以优化氧气的生成条件。

实例二　氧气的实验室制取与性质

学习要点

【学习目标】

(1) 学会实验室加热高锰酸钾制取氧气的实验操作及注意事项；

(2) 掌握氧气与木炭、硫、细铁丝发生反应的实验操作；

(3) 通过亲手操作，让学生体会实验成功的喜悦，激发学习的兴趣，增强学生的探究欲。

【学习重点】

氧气制取的操作方法。

【学习难点】

氧气与木炭和铁丝燃烧实验的注意事项。

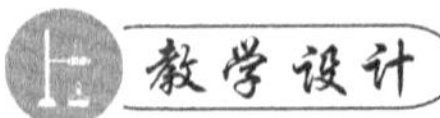

一、创设情境

上节课我们学习了制取氧气的反应原理，这节课我们来亲自动手制取氧气，并验证氧气的性质。

二、新课学习

根据实验台上所给仪器，要求组内同学自行设计、组装一套实验室制取氧气的发生装置，并讨论出装置的使用范围。

(一) 选择装置

展示各组设计的装置，组间互相评判其优缺点。

由上述探讨，归纳出制取氧气的可行性装置：

图 1-1 适合固体在加热条件下制取气体；

图 1-2 适合于固体（液体）和液体反应，不需加热。

提问：现在能完成制取氧气的实验吗?

回答：不能，还需要确定收集装置。

讨论：确定两种收集方法及装置。

方法一：排水法，氧气不易溶于水（见图 1-3)；

方法二：向上排空气法，氧气的密度比空气的密度大（见图 1-4)。

(二) 指导学生完成制取氧气的实验探究

讲解：确定了收集装置后，下面重点学习用高锰酸钾制取氧气的步骤及注意事项。

1. 加热高锰酸钾制取氧气

演示：加热高锰酸钾制取氧气。

思考：

（1）在装置中，都有哪些仪器？

（2）哪部分是气体的发生装置，哪部分是气体的收集装置？

（3）实验步骤是怎样的？

（4）如何检查装置的气密性？

（5）刚开始产生气泡时能立即收集吗？为什么？

（6）实验最后应该怎样操作？最后两步能颠倒吗？为什么？

教师引导学生总结。

制取氧气的步骤：

（1）检查装置的气密性。检查气密性的方法：将导管的一端浸入水槽中，用手紧握气体发生装置外壁，若水中的导管口有气泡冒出，松开手后，导管口出现一段水柱，证明装置不漏气。

（2）装药品。

（3）固定仪器，试管口要塞棉花。组装顺序：先下后上，从左到右。

（4）给试管加热。先预热，再集中加热。

（5）收集气体。用排水法收集时，导管口开始有气泡放出时，不宜立即收集（为什么?），当气泡连续地并比较均匀地放出时，再把导管口伸入盛满水的集气瓶里。

（6）①如果用排水法收集，要先把导管移出水面，再熄灭酒精灯。（如果先熄灭酒精灯，可能会造成什么后果?）②如果用向上排空气法收集，要验满。验满的方法：将带火星的木条放在集气瓶口，若木条复燃，证明已满。

总结：为了便于记忆，可以把操作步骤简称为“查、装、定、点、收、离、熄”，谐音为“茶庄定点收利息”。

讨论：实验过程中应注意什么？

回答：

（1）要用酒精灯的外焰对准药品部位加热，加热前先对试管进行预热。

（2）药品要平铺在试管底部，增大受热面积，便于均匀受热。

（3）铁夹要夹在距试管口约 1/3 处。

（4）试管口放一小团棉花，防止加热时高锰酸钾粉末进入导管。

（5）试管内的导管稍微露出橡皮塞即可，便于气体排出。

（6）试管口应略向下倾斜，有些固体试剂受热往往会产生水蒸气，试管口略向下倾斜，防止冷凝水回流到热的试管底部，使试管炸裂。

（7）用排水法收集气体时，导管伸到瓶口处即可，当导管口出现连续、均匀的气泡时才可以开始收集（刚开始冒出的气体是受热膨胀的空气，会导致收集的气体不纯）。

讲解：

（1）检验方法：将带火星的木条伸入集气瓶，若木条立即复燃，则证明是氧气。

（2）验满方法。①用向上排空气法收集氧气时：把一根带火星的木条放在集气瓶口，如果木条复燃，证明氧气已集满了；②用排水法收集氧气时：如果集气瓶口有大量气泡逸出，证明瓶中没有水了，即氧气已集满。

思考：

（1）用排水法集气时，实验结束后，为什么要先移出导气管，后撤离酒精灯？

（2）制取的氧气如果不纯，你认为可能的原因有哪些？

回答：

（1）防止试管内温度骤降，气压减小，水槽内的水倒流到试管，导致试管炸裂。

（2）排水法收集时，未等气泡均匀连续冒出就开始收集。

2. 氧气的性质

讲解：下面我们进行“氧气的性质”的实验。

演示：用坩埚钳夹取一小块木炭，在酒精灯上加热到发红，插入收集的氧气，观察现象，停止后向集气瓶中加入少量澄清石灰水，振荡，观察现象。

思考：①把红热的木炭插入盛有氧气的集气瓶时，为什么要由瓶口向下缓慢插入？②铁丝在氧气中燃烧，集气瓶中留有少量水的原因是什么？

回答：①如果开始便将红热的木炭伸入盛有氧气的集气瓶底部，因木炭在氧气中燃烧，放出大量热并产生二氧化碳，导致集气瓶中的氧气逸出损失，使瓶中氧气含量迅速降低，影响实验现象。②防止铁丝燃烧时高温熔化物溅落，炸裂瓶底。

三、课堂小结

（一）选择装置

（1）发生装置；

（2）收集装置。

（二）操作过程

（1）实验原理：高锰酸钾$\xrightarrow{\text{点燃}}$锰酸钾＋二氧化锰＋氧气。

（2）实验步骤：查、装、定、点、收、离、熄。

（3）收集方法：①排水法；②向上排空气法。

（三）木炭和铁丝在氧气中的燃烧实验

$$\text{碳}+\text{氧气}\xrightarrow{\text{点燃}}\text{二氧化碳}$$

$$铁+氧气\xrightarrow{点燃}四氧化三铁$$

教学反思

在初三化学课程中，“氧气的实验室制取与性质”是一项至关重要的教学内容，是一个典型的教学实验。通过实验，学生可以直观地观察和感受氧气的制取过程和性质特点，从而加深对理论知识的理解。因此，在教学中，要注重实验教学的组织和实施，尽可能为学生提供更多的实验机会。

通常学生在理解化学反应方程式和实验原理方面存在一定的困难。针对这一问题，需要调整教学策略，采用更加生动、形象的教学方法，如使用动画、模型等辅助工具，帮助学生更好地理解和掌握相关知识。

部分学生在实验操作中不够规范，缺乏安全意识。在教学中应加强对学生实验操作的指导和监督，确保学生掌握正确的操作方法，并培养他们的安全意识。

教师在课堂管理和师生互动方面还有待提高。在教学中应注重课堂氛围的营造，鼓励学生积极参与讨论和提问，及时回答学生的疑惑，改善教学效果。

对于“氧气的实验室制取与性质”这一教学内容还需要进一步拓展和深化。例如，可以引入更多与氧气相关的实际应用案例，帮助学生理解氧气在日常生活和工业生产中的重要作用；还可以开展一些探究性的实验活动，培养学生的创新思维和实践能力。

本课题的活动与探究，实际上是学生亲自动手制取氧气并检验氧气的性质。由于制取氧气的实验技能要求比较高，注意事项多，仍有必要在实验前向学生交代清楚。某些操作，如用排水法收集气体，有必要让学生事先练习，以免实验时慌乱，导致较多的氧气在空气中逸散而损失。在由两个学生组成的实验小组中，可让一个学生用一根导管缓慢而连续地吹气以代替气体发生器，另一个学生做排水法收集气体的练习，要求达到能连续地收集满2～3瓶气体。然后两人交换练习，直到都能较熟练地操作为止。对于铁架台、铁夹、铁圈等，学生也是第一次亲自操作，因此应让他们做几次操作练习。

实例三　二氧化碳制取的研究

学习要点

【学习目标】

(1) 通过探究，了解实验室制取二氧化碳的化学反应原理；

(2) 探究实验室制取二氧化碳的装置；

(3) 了解实验室制取气体的一般思路和方法；

(4) 培养学生创新求异精神、实践能力，以及严谨求实的科学态度。

【学习重点】

实验室制取二氧化碳的原理、装置。

【学习难点】

从二氧化碳制取装置的探究过程中，提升实验室气体装置的设计思维水平。

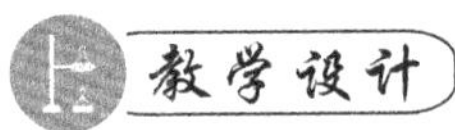

一、创设情境

冬季人们为提高大棚蔬菜的产量，在大棚内放置二氧化碳发生装置，二氧化碳发生装置内的药品的主要成分是什么？反应的原理是什么？

二、新课学习

（一）知识点 1：实验室制取气体的一般思路和方法

讲解：确定实验室制取气体的反应原理要考虑反应条件是否易达到、原料是否廉价易得、反应速率是否适中、产生的气体是否易收集、反应是否易操作、是否有利于环保等因素。

（二）知识点 2：探究实验室制二氧化碳的原料

提问：联系所学知识和日常生活，列举能产生二氧化碳的反应。

举例：

（1）碳在氧气中燃烧生成二氧化碳；

（2）蜡烛燃烧可生成二氧化碳；

（3）木炭还原氧化铜，生成铜和二氧化碳；

（4）生物体的呼吸作用可产生二氧化碳；

（5）石灰石高温分解；

（6）石灰石与稀盐酸在常温下反应；

……

提问：这些反应中哪些适用于实验室制取 CO_2？

回答：石灰石与稀盐酸在常温下反应。

反应原理：$CaCO_3 + 2HCl \xlongequal{} CaCl_2 + H_2O + CO_2\uparrow$。

提问：石灰石与稀硫酸能用于实验室制取 CO_2 吗？

回答：不能，石灰石与稀硫酸在常温下反应，生成微溶于水的硫酸钙，硫酸钙会附着在石灰石表面，阻止反应的发生。

提问：石灰石与浓盐酸能用于实验室制取 CO_2 吗？

回答：不能，浓盐酸易挥发，会造成收集到的 CO_2 中含有挥发出的 HCl。

提问：Na_2CO_3 粉末和稀盐酸能用于实验室制取 CO_2 吗？

回答：不能，Na_2CO_3 粉末与稀盐酸反应速率过快，不便于收集产生的气体。

归纳总结：实验室制取二氧化碳的反应原理如下。

（1）**药品：**石灰石或大理石（主要成分是 $CaCO_3$ ）与稀盐酸

（2）**反应原理：**

$$CaCO_3 + 2HCl = CaCl_2 + H_2CO_3;$$

$$H_2CO_3 = H_2O + CO_2\uparrow。$$

总反应为：$CaCO_3 + 2HCl = CaCl_2 + H_2O + CO_2\uparrow$。

（三）知识点 3：选择实验室制取 CO_2 气体的装置

思考：

（1）实验室制取氧气的装置是什么？

（2）该装置的选择依据是什么？

（3）怎样收集氧气？为什么这样收集？

讲解：实验室制取 CO_2 装置的选择依据如下。

（1）发生装置：石灰石（或大理石）和稀盐酸反应属于固液常温型。

（2）收集装置：在标准状况下，二氧化碳的密度比空气的密度大，二氧化碳能溶于水，在通常状况下，1 体积水中能溶解 1 体积的二氧化碳。

（四）知识点 4：实验室制取 CO_2 气体

播放：请学生观看“实验室制取二氧化碳”的视频。

提问：长颈漏斗下端为什么要伸到液面以下？

回答：防止气体从长颈漏斗逸出。

提问：收集气体时，导管为什么要伸到集气瓶底？

回答：排尽集气瓶内的空气，以收集到更纯的二氧化碳。

提问：如何检验收集到的气体是二氧化碳？

回答：将二氧化碳气体通入澄清石灰水，振荡，若石灰水变混浊，说明该气体是 CO_2 。

提问：如何验满收集的二氧化碳气体？

回答：将燃烧着的木条放在集气瓶口，木条熄灭说明二氧化碳已收集满。

讲解：实验室制取 CO_2 的简易装置。

三、课堂小结

（1）药品及反应原理。

药品：石灰石（或大理石）和稀盐酸。

原理：$CaCO_3 + 2HCl = CaCl_2 + H_2O + CO_2\uparrow$。

（2）装置的确定。

（3）实验室制取二氧化碳的操作步骤：

①按要求连接好仪器。

②检查装置的气密性。

检查方法：向长颈漏斗中加水，使长颈漏斗的下端浸入液面以下，用止水夹夹住导气管，继续向长颈漏斗中加水，发现长颈漏斗中的液面不下降，说明装置气密性良好。

③加药品。先加固体，后加液体。

④收集气体。

⑤检验气体。向集气瓶中加入少量澄清的石灰水，振荡，澄清石灰水变混浊，说明收集的气体是 CO_2 。

⑥验满气体。将燃着的木条平放在集气瓶口，木条立刻熄灭，说明气体已收集满。

教学反思

通常学生在理解化学反应原理和实验操作方面存在困难。二氧化碳的制取涉及化学反应方程式的理解和实验操作的规范，这对于部分学生来说是一个挑战。因此，在教学中需要更加注重基础知识的讲解，确保学生能够牢固掌握反应原理，同时加强实验操作的指导和训练，提高学生的实验技能。

实验教学在激发学生的学习兴趣和培养实践能力方面具有重要作用。通过实验，学生可以直观地观察到二氧化碳的制取过程，从而更加深入地理解其性质和应用。因此，需要进一步丰富实验教学内容，设计更多有趣且富有挑战性的实验活动，让学生在实践中学习和成长。

教师在课堂管理和师生互动方面还有提升的空间。在教学过程中，需要更加注重课堂氛围的营造，鼓励学生积极参与讨论和提问，及时回答学生的疑惑，增强课堂的互动性和活力。同时，也需要关注学生的个体差异，因材施教，为每个学生提供适合他们的学习资源和教学支持。

对于“二氧化碳制取的研究”这一教学内容，还需要不断探索和创新教学方法。例如，可以引入多媒体教学手段，利用动画、视频等形式展示实验过程和反应原理，使教学内容更加生动形象；也可以开展小组合作学习，让学生在团队中相互学习、相互帮助，共同提高。

本课题的重点是指导学生掌握制取气体时实验仪器和收集方法的选择。鉴于学生已经学过氧气的制法，具备一些制取气体的简单知识，可以在实际操作中让他们自己去选取实验装置，使学生尽快地从简单模仿到有目的地选择。

实例四　二氧化碳和一氧化碳

第1课时　二氧化碳

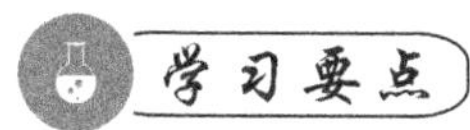

【学习目标】

(1) 通过实验探究，认识二氧化碳的性质；

(2) 认识二氧化碳的用途；

(3) 知道温室效应的危害及为了预防温室效应进一步采取的措施。

【学习重点】

二氧化碳的性质。

【学习难点】

探究实验的装置设计。

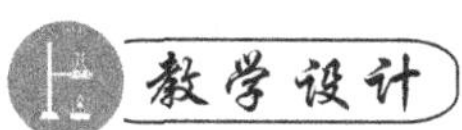

一、创设情境

在意大利某地有个奇怪的山洞，人过这个洞安然无恙，而狗走进山洞就一命呜呼了。因此，当地居民称它为“屠狗洞”。

二、新课学习

讲解：有一种物质，农民说它是“植物的粮食”，消防官兵赞美它是“灭火先锋”，建筑师们称它为——“粉刷匠”，环境学家却指责它是造成全球变暖的罪魁祸首。它指的是什么？

回答：二氧化碳（CO_2）。

播放：在进入久未开启的地窖时要做“灯火试验”，请思考一下这是为什么？接下来观看“灯火试验”的视频。通过学习来解答这个问题。

(一) 知识点1：二氧化碳的性质

1. 探究1：倾倒二氧化碳实验

实验步骤：将二氧化碳气体慢慢倒入烧杯。

播放：请学生观看“二氧化碳的性质之二氧化碳的密度比空气大”视频。

实验现象：下层蜡烛先熄灭，上层蜡烛后熄灭。

提问1：烧杯内的蜡烛熄灭了，说明二氧化碳有什么性质？

回答：二氧化碳不燃烧也不支持燃烧。

提问2：为什么下层蜡烛先熄灭，上层蜡烛后熄灭？

回答：二氧化碳的密度比空气的大。

注意：①倾倒二氧化碳时要沿着烧杯壁；②倾倒时动作要缓慢。

2. 探究2：二氧化碳的溶解性实验

实验步骤：向一个收集满二氧化碳气体的质地较软的塑料瓶中加入约1/3体积的水，立即旋紧瓶盖，振荡。

提问1：塑料瓶发生了什么变化？

回答：塑料瓶变瘪了。

提问2：为什么塑料瓶会发生如此变化？

回答：二氧化碳能溶于水。

讲解：在通常情况下，1体积的水约能溶解1体积的二氧化碳，增大压强会溶解得更多。生产汽水等碳酸型饮料就是利用了二氧化碳的这一性质。

归纳总结如表1-1所示。

表1-1　二氧化碳的性质

	颜色	状态	气味	密度（与空气比较）	溶解性	是否支持燃烧
二氧化碳	无色	气态	无味	密度比空气大	能溶于水	不支持

3. 探究3：二氧化碳与水反应

二氧化碳与水反应如表1-2所示。

表1-2　二氧化碳与水反应的探究实验

	实验步骤	实验现象	实验分析
Ⅰ	喷上稀醋酸	紫色小花变红	稀醋酸使紫色石蕊溶液变红，说明石蕊是一种指示剂，遇酸变红色

续表

	实验步骤	实验现象	实验分析
Ⅱ	喷水	紫色小花不变色	水不能使紫色石蕊溶液变红
Ⅲ	直接放入二氧化碳中	紫色小花不变色	二氧化碳不能使紫色石蕊溶液变红
Ⅳ	喷水后放入二氧化碳中	紫色小花变红	二氧化碳与水反应的生成物使紫色石蕊溶液变红
Ⅴ	将Ⅳ中的小花取出，加热，烘干	红色又变成紫色	碳酸不稳定，受热分解，所以红花又变成紫花

交流讨论：（1）二氧化碳与水反应生成碳酸，碳酸能使紫色石蕊溶液变红色。

原理：$CO_2 + H_2O \xlongequal{} H_2CO_3$。

（2）碳酸不稳定，容易分解成 CO_2 和 H_2O。

原理：$H_2CO_3 \xlongequal{} CO_2\uparrow + H_2O$。

4. 探究 4：二氧化碳与澄清石灰水反应

二氧化碳与澄清石灰水反应如表 1-3 所示。

表 1-3　二氧化碳与澄清石灰水反应的实验

实验操作	把二氧化碳通入澄清石灰水中
实验现象	澄清石灰水变混浊
实验分析	二氧化碳与澄清石灰水反应，生成了难溶于水的物质，故澄清石灰水变混浊
实验结论	二氧化碳能使澄清石灰水变混浊，其化学反应方程式为 $Ca(OH)_2 + CO_2 \xlongequal{} CaCO_3\downarrow + H_2O$

提问：为了让用石灰浆 $Ca(OH)_2$ 抹的墙壁快点干燥，为什么常常需在室内生炭火盆？为什么开始放炭火盆时，墙壁反而潮湿？

回答：炭燃烧生成二氧化碳，氢氧化钙与二氧化碳反应生成碳酸钙和水。

$$C + O_2 \xlongequal{点燃} CO_2,\ Ca(OH)_2 + CO_2 \xlongequal{} CaCO_3\downarrow + H_2O$$

归纳总结：

（1）一般情况下，二氧化碳不燃烧，也不支持燃烧，不能供给呼吸。

（2）二氧化碳能与水反应生成碳酸：$CO_2 + H_2O \xlongequal{} H_2CO_3$。

（3）二氧化碳能使澄清石灰水变混浊：$Ca(OH)_2 + CO_2 \xlongequal{} CaCO_3\downarrow + H_2O$。

（4）二氧化碳能与碳反应：$C + CO_2 \xlongequal{高温} 2CO$。

5. 探究5：干冰的形成和升华及人工降雨

讲解：干冰的形成和升华：

（1）在一定条件下，二氧化碳气体会变成液体或固体。固态二氧化碳叫作“干冰”。

（2）干冰升华时，吸收大量的热，因此可作制冷剂，广泛用于食品的冷藏保鲜和冷藏运输、医疗上血液制品的储存和运输等方面。

播放：观看“干冰的形成和升华”视频，更直观地了解干冰的形成和升华。

讲解：人工降雨。

如果用飞机在云层中撒布干冰，由于干冰升华吸热，空气中的水蒸气迅速冷凝变成水滴，于是就开始下雨了。这就是干冰用于人工降雨的奥秘。

（二）知识点2：二氧化碳对生活和环境的影响

讲解：

（1）二氧化碳有以下用途。

①可作制冷剂，用于人工降雨、制造舞台云雾背景等。

②用来灭火。

③可作气体肥料，参与植物光合作用。

④可作化工原料，生产纯碱。

……

（2）温室效应主要是由于人类消耗的化石能源急剧增加，排放到大气中的二氧化碳越来越多，且对森林的乱砍滥伐使二氧化碳的吸收量减少。

（3）温室效应的危害如下。

①可能导致两极的冰川融化，使海平面升高。

②可能使土地沙漠化，造成农业减产。

③可能导致暴雨、洪水等灾害性和极端气候事件发生频率和强度增加。

④可能影响自然生态系统，改变生物多样性。

……

（4）防止温室效应——根本对策是全球参与控制二氧化碳的排放量。

①减少使用煤、石油和天然气等化石燃料。

②更多地利用太阳能、风能、地热能等清洁能源。

③促进节能产品和技术的进一步开发和普及。

④大力植树造林，严禁乱砍滥伐。

⑤采用物理或化学方法，人工吸收二氧化碳。

……

三、课堂小结

（1）CO_2的物理性质：无色无味的气体，密度比空气大，能溶于水。

（2）CO_2的化学性质：

①不燃烧，不支持燃烧，不能供给呼吸；

②能与水反应生成碳酸，碳酸不稳定，受热易分解；

③能使澄清石灰水变混浊，能参与光合作用。

（3）二氧化碳对生活和环境的影响。

教学反思

二氧化碳的性质和用途是中学化学的重点之一，也是中考考点之一。在讲解二氧化碳的性质时，教师首先通过讲述意大利“屠狗洞”的故事，引发学生的好奇心，并以小侦探的身份去破解“屠狗洞之谜”，再通过实验的方式去取证，来证明自己的猜想。

此外，为了能充分利用学生已有的知识经验，激发他们的学习兴趣，教师在设计课程时，不用完全按照教材的顺序进行教学，而是可以把后面涉及的二氧化碳的有关性质和用途挪到前面来讲解。首先，教师成功让学生对二氧化碳产生了浓厚的兴趣。其次，通过实验视频和课堂演示实验让学生了解二氧化碳的物理性质和用途。最后，通过分组实验让学生掌握二氧化碳的化学性质。

第2课时　一氧化碳

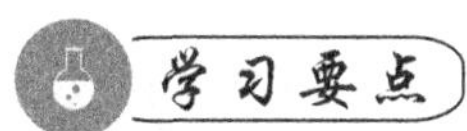

【学习目标】

（1）了解CO的物理性质；

（2）知道CO的可燃性、还原性、毒性；

（3）比较一氧化碳、二氧化碳性质，了解两者的异同点；

（4）知道CO可作燃料可冶炼金属；也要学会如何防止CO中毒；

（5）通过全面认识一氧化碳的性质，体会事物的两面性。

【学习重点】一氧化碳的性质及用途。

【学习难点】CO的还原性。

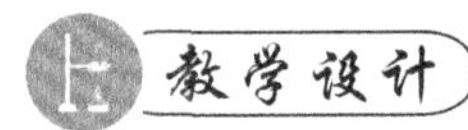

一、创设情境

据报道：在两年内，安徽芜湖市大约有50人死于煤气中毒。

二、新课学习

提问：冬季是煤气中毒的高发期，每年有很多人因发生煤气中毒丧失了生命。煤气的主要成分是什么？怎样才能预防煤气中毒？

目的：引导学生思考，让学生带着问题学新课。

（一）知识点1：一氧化碳的物理性质

讲解：一氧化碳的物理性质见表1-4。

表1-4　一氧化碳的物理性质

颜色	无色
状态	气体
气味	无味
溶解性	难溶于水
密度	比空气略小（1.250 g/L）

注意：CO的密度与空气的密度相近，不能用向下排气法收集，只能用排水法收集。

（二）知识点2：一氧化碳的化学性质

1. 可燃性

实验与探究：播放“一氧化碳的燃烧”视频，请学生观察一氧化碳燃烧的现象。

（1）**实验现象**：燃烧时发出蓝色的火焰。

（2）**反应原理**：$2CO + O_2 \xlongequal{点燃} 2CO_2$，生成的$CO_2$能使澄清的石灰水变混浊。

（3）煤炉中的化学反应。

提示：CO在空气中燃烧，火焰呈蓝色。

提问：点燃一氧化碳前应做什么工作？

回答：验纯。

讲解： CO 是可燃性气体，与空气或氧气混合点燃会爆炸，点燃前一定要验纯。

2. 毒性

讲解：

（1）中毒过程：一氧化碳极易与血液中的血红蛋白结合，从而使血红蛋白不能再与氧气结合，造成生物体内缺氧，严重时会危及生命。

（2）防治措施：用煤炉取暖时，注意通风。发生一氧化碳中毒时，轻者呼吸大量空气，重者送往医院治疗。

资料分享：一氧化碳是排放量很大的空气污染物之一，据估计，全世界人为排放的一氧化碳总量每年为几亿吨，而且一氧化碳在大气中的寿命很长，在大气中可停留 2～3 年。可见，这是一种数量大，积累性强的大气污染物。因此，我们要注意防治一氧化碳对空气的污染。

提问 1： 有人用炉火取暖，为防止煤气中毒，在火炉上放一盆水，这样做行吗？

回答： 不行，因为一氧化碳难溶于水。

提问 2： 家用煤气中常常会添加一些具有难闻气味的气体（如乙硫醇），为什么？

回答： 为了让人们易于察觉一氧化碳泄漏，以免一氧化碳中毒。

3. 还原性——一氧化碳还原氧化铜

播放： 请学生观看“一氧化碳还原氧化铜”的视频。观察实验用品、实验现象，并试着对实验进行分析。

实验装置： 如图 1-9 所示。

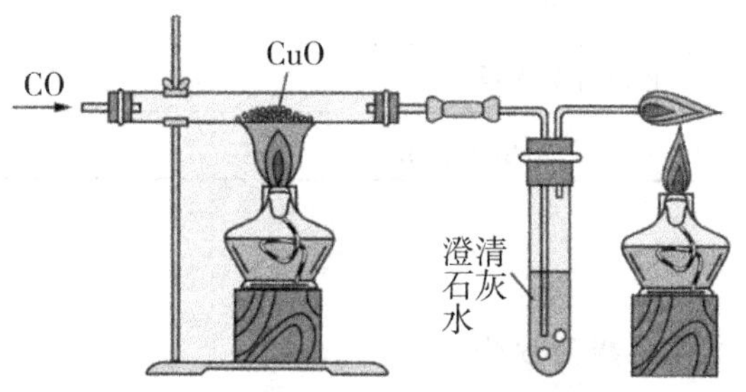

图 1-9　一氧化碳还原氧化铜装置

实验步骤：

（1）实验前先检查 CO 的纯度。目的：防止 CO 不纯，点燃或加热后发生爆炸。

（2）先通入一会儿 CO（同时点燃用于尾气处理的酒精灯），然后对装有 CuO 的位置加热。目的：排尽玻璃管内的空气。

（3）反应结束后，先停止加热，继续通入 CO 至玻璃管冷却。目的：防止生成的铜再次被氧化成氧化铜。

实验现象：

（1）黑色粉末逐渐变成红色。

原因：CuO 失去氧变成 Cu。

（2）澄清石灰水变混浊。

原因：CO 得到氧变成 CO_2。

（3）点燃尾气时，产生蓝色火焰。

原因：尾气中含有未反应的 CO。

实验结论：CO 具有还原性。

反应原理：$CuO + CO \xlongequal{\Delta} Cu + CO_2$。

播放：请学生观看“一氧化碳还原氧化铁”的视频，了解冶炼金属的过程。

归纳与总结：一氧化碳和二氧化碳性质的比较（见表 1-5 和表 1-6）。

表 1-5　一氧化碳和二氧化碳物理性质的比较

物理性质	一氧化碳	二氧化碳
颜色、状态、气味	无色、气体、无味	无色、气体、无味
密度	比空气密度略小	比空气密度大
溶解性	难溶于水	能溶于水

表 1-6　一氧化碳和二氧化碳化学性质的比较

化学性质	一氧化碳	二氧化碳
可燃性	$2CO + O_2 \xlongequal{点燃} 2CO_2$	不能燃烧，一般也不支持燃烧
跟水反应	一般不能跟水反应	$CO_2 + H_2O \xlongequal{} H_2CO_3$
跟石灰水反应	不能跟石灰水反应	$CO_2 + Ca(OH)_2 \xlongequal{} CaCO_3\downarrow + H_2O$
还原性、氧化性	$CuO + CO \xlongequal{\Delta} Cu + CO_2$	$C + CO_2 \xlongequal{高温} 2CO$

⊙拓展

1. 区别一氧化碳和二氧化碳的方法

（1）气体分别通入紫色石蕊试液，试液变红色的是 CO_2，不变的是 CO。

（2）气体分别通入澄清的石灰水，石灰水变混浊的是 CO_2，不变的是 CO。

（3）分别插入燃着的木条，木条熄灭的是 CO_2，气体能燃烧的是 CO。

（4）分别通过灼热的氧化铜，氧化铜变红的是 CO，不变的是 CO_2。

2. 一氧化碳和二氧化碳互相除杂的方法

（1）一氧化碳中含有二氧化碳：将混合气体依次通过足量的氢氧化钠溶液、浓硫酸。

依据：$2NaOH + CO_2 \xlongequal{} Na_2CO_3 + H_2O$，浓硫酸有吸水性。

（2）二氧化碳中含有一氧化碳：将混合气体通过足量的灼热的氧化铜粉末。

依据：$CuO + CO \xlongequal{\Delta} Cu + CO_2$。

三、课堂小结

通过本实例的学习，学生可以了解一氧化碳的物理性质和化学性质，了解一氧化碳与二氧化碳的不同之处，加深对两种气体化学性质的认识。

教学反思

因为CO有剧毒，不宜在课堂演示，有关实验可全部制成录像或动画在课件中展示，其中可以覆盖一氧化碳的物理性质、化学性质、用途以及危害等内容。

尽管教师尽可能地详细解释，但有些学生仍然对这些内容感到困惑。因此，在教学中，需要更简洁明了地解释这些内容，应该及时回应学生的疑问，确保他们跟上课程进度；要当堂进行有效的学生评估，以确保他们理解了一氧化碳的概念；应该提供及时的建设性反馈，帮助学生改进和提高他们的理解和技能。

参考文献

[1] 欧毓潜．浅谈创新教育的课堂教学策略［A］．邢改萍（主编）．中华教育理论与实践科研论文成果选编（第3卷）［C］．北京：学苑出版社，2010.

[2] 江苏省泗阳中学课题组．《新课程背景下中学课堂教学策略的研究》研究报告摘要［A］．佟学（主编）．国家教师科研基金“十一五”成果集（中国名校卷）（三）［C］．北京：新华出版社，2009.

[3] 卢荣生．初中化学教育要大众化、生活化、现代化［A］．周光召（主编）．面向21世纪的科技进步与社会经济发展（上册）［C］．北京：中国科学技术出版社，1999.

[4] 程良武．浅议初中化学中环保教学［A］．中国化学会化学教育委员会（主编）．第四届全国中学化学教学研讨会论文集（三）［C］．北京：中国化学会化学教育委员会，2004.

[5] 夏伦爱．初中化学研究性学习的选题与指导［A］．中国化学会化学教育委员会．第四届全国中学化学教学研讨会论文集（二）［C］．北京：中国化学会化学教育委员会，2004.

[6] 吕鸿羽．初中化学新教材施教心得［A］．杨春茂，佟学（主编）．全国教育科研“十五”成果论文集（第二卷）［C］．北京：新华出版社，2005.

项目二　课堂教学设计与实践初探

实施素质教育，培养创新人才，已成为当今化学教育改革的主旋律。科学课堂教学设计的研究对于加强师生互动，激发学生的学习兴趣，激励学生的探索精神，磨炼学生克服困难、获取成功的意志，以及培养学生创新精神和实践能力都有重要的作用。科学课堂教学设计就是以教师引导下学生动手动脑的各种实践活动为主的课堂教学模式，学生学习科学知识和增长各种技能主要通过师生各种实践活动手段去达成。这种模式以素质教育为目的，是通过科学实践活动教学结构达到教师的输出与学生的吸纳相结合的优化模式，是培养学生科学能力的最有效的教学方式。

一、理论依据

1. 学校教育的根本目的是培养受教育者的道德、科学、文化素质，核心就是培养人才

我们正处在知识经济和信息时代，时代的要求是现代教育必须培养善于思考、敢于探索、勇于创新的创造型人才。创造型人才的培养要始于学校的课堂，始于教师指导下的创造性学习。

2. 课堂教学应是学为主体、教为主导的统一，应同时发挥学与教这两个积极性

学为主体就是指教学要面向全体学生；教学活动应让学生成为积极的参与者；教学的着眼点应该是学生；教育的重心应该是培养学生的能力。教为主导就是指教师要切实做到以教导学、以教促学、以教助学。教学的本质就是教为学服务。

3. 实现教学过程的最优化

教学过程不仅需要教师的活动，而且需要学生的活动。在一定程度上，如果学生没有能自己参加的活动，教学的最优化是不可思议的。每个学生都存在着先天和后天的内在潜

能和动力，对于每一个事物的认识和理解都需要经过感性到理性的过程，经验证明感性越清楚，理论认识越深刻。科学课堂主体性实践教学过程是教师对科学知识素材进行艺术加工，把抽象的、深奥的、无形的科学理论通过精心的策划、艺术的处理转化为具体、形象、生动、有趣的内容，通过学生的实践、感知，思维自然活跃，潜能和动力就会发挥得更好，因此教师教学的重点应该是策划设计最优化的教学过程。

二、策划和设计

学生获得化学能力的基本途径是实践。在课堂上教师不仅要讲解、演示、分析课文，更重要的是要善于引导学生去认识自己的主体地位，自我激发学习动机，主动地学习。凡是能让学生自己思考的，要启发学生思考、分析；凡是能让学生口头表达的，要鼓励学生敢说；凡是能让学生演示的实验，要让学生动手做；凡是学生能总结出答案的，要引导学生自己作出结论。没有大量的实践活动，学生是不可能形成科学能力的。科学课堂主体性实践教学模式的策划，是根据教学方针和课程标准、教学大纲及教材的要求，规划每节的教学目标、教学结构、教具、教学重难点等。其中教学目标方面应策划出知识素质、能力素质、思想和心理品质等素质目标。教学结构的策划是根据科学教材内容、教师所掌握的学生学习情况以及逻辑程序，策划出以学生为主体、教师为主导的各个独立又相互联系的教学实践活动，并用方框图的形式编织出完整的教学网络，从而构成每节课整体的教学构架。教学结构是每节课的教学骨架，也是每节课的教学思路和过程，教学设计以及课堂教学都要遵循教学结构。化学课堂教学设计是教学策划的具体体现，在教学策划的基础上，具体设计每一教学环节以及各个教学环节的连接。一般要从以下几个方面进行设计。

1. 设计教学动机引入点

每节课都有它的教学动机，即本节课讲什么，为什么要讲这个内容。学生的学习也有其学习动机，好奇心、兴趣、志向、理想等都是学生的学习动机。杨振宁博士说：“成功的秘诀是兴趣。”只有当教学的动机被学生的学习动机接受，而且两者融洽时，这节课才能进行下去。

2. 设计知识实践点

教学设计首先要排列本节课的知识点，这些知识点教师可以平铺直叙讲授给学生，但如果运用布鲁纳的发现法，设计几个合适的实践活动，在教师的引导下，让学生自己总结概念发现其规律，学生学习的效果会更好。学生自己获得知识比教师直接告诉学生这些知识更使学生认识得深刻，同时也使其获得了研究知识的方法。

3. 设计能力实践点

化学教学要求的能力包含两个方面，即思维能力和动手能力。具体地说，主要有观察能力、实践能力、判断能力、推理能力、综合分析能力，运用知识的同时要考虑能力的训练，要着重设计提高思维能力和动手能力的实践活动。

4. 设计思维碰撞点

不管知识实践点还是能力实践点，其实践活动都需要思维，思维用于发现问题、研究问题、解决问题。对于学生所学的新知识往往其化学概念和规律是抽象的，对于有的知识由于生活经验的掩盖，学生的认识往往还是错误的。因此，教师在设计各个教学实践点时，需要设计思维的碰撞点，用以引起学生头脑思维的“火花”，从中发现问题，激发学生头脑的思维。教学过程要有涨有落，理想的做法是掀起几次教学浪潮，涨落交错，张弛有效，在跌宕起伏中扬帆前进。

5. 设计让学生“说”

所谓“说”是指学生主动的智力参与。要在课堂教学中引导学生智力参与，让学生以主人翁和探索者的姿态去参与获得知识的全过程，充分体现教师的主导作用和学生的主体作用。以促进学生主动、能动的认识活动为目标，使学生的主体作用得以充分合理的发挥，以激发学生的学习热情。

6. 设计让学生动手“做”

化学实验教学是化学教学的重要组成部分，是教师最常用最有效的教学方法，也是培养学生观察能力、分析问题、解决问题能力的有效手段。让学生做实验的过程中，改部分演示实验（特别是性质实验）为教师边授课、学生边动手操作，进行探索式教学。通过观察思考分析，加深了学生的感性认识，使之更好地掌握了该部分的知识内容，培养了学生的操作技能，同时激活了其求知欲望和创新意识。积极创造条件，让学生在学习过程中，充分发挥其主体作用是教学者责无旁贷的任务。总之，化学课堂主体性实践教学是依据教学设计进行的。因为几十名学生的思维是复杂的，而课堂教学是动态运行，可能出现设计中考虑不到的问题，因此教师要有应变控制、随机处理问题的能力，但不管怎么变化，教师要发挥主导作用，要适时导向，使教学过程按教学设计的路线进行，只有这样才能较好地完成教学，才能更好地培养学生思维能力和创新能力，全面提高学生的素质。

三、挑战与机遇共存，我们在课堂教学中的实践

化学课的教学，要求教师有自然科学领域的广泛的专业技能和知识的储备，否则不能

适应当今课堂教学的需要。在课程教学过程中，遇到的最突出的问题和困难是：学校缺乏完备的物质条件，缺少实验设备等，专业支持力量薄弱，优秀课程资源缺乏，技术保障未能及时跟进。这是教师实施教改过程中最感头痛、最难解决的问题。

为了解决问题和困难，笔者所在学校想方设法，多措并举。首先，充分利用互联网的资源。教师备课时使用计算机，充分利用互联网络的资源收集课程教学资源。从常规的教学课件，到一些专业网站的图片介绍，甚至是一些新闻报道的片段，只要有利于打开学生的知识眼界，拓宽学生的知识视野，又能结合课程内容的信息，教师都做了充分的收集和整理，并在第一时间应用到课堂教学中。这些信息的内容广泛、方式灵活，生动形象、实效性强，展示的时候，学生普遍都表现出了强烈的兴趣。这些信息对激发学生探索知识奥妙的欲望大有帮助，教师也从中受益匪浅。其次，努力激励学生挖掘学习资源。初中学生对互联网的使用已经比较熟悉。针对这个特点，也为了引导学生正确和有效地将互联网作为学习的辅助工具，教师经常向学生布置结合课程内容的查找作业。学生都兴高采烈地参与其中，并很乐意把收集的内容与同学和教师共享。这个过程既激发了学生的参与意识，又提高了他们的学习能力和水平。每个班级都有不同的小组承担不同的查找作业任务，这样每一个题目都有三到四个小组承担。学生的反应出乎意料地踊跃，不到一周，资料就纷纷交了上来。结果发现，初一的学生的确具有查找资料的能力，但是整理能力较低。大量网上资料的堆积，无重点、无中心。于是教师帮他们找重点，教他们写汇报稿，指导他们做出他们喜欢的课件。上课之前学生就像即将演出一样兴奋，有些发言的学生甚至还把稿件整个背了下来，结合多媒体课件的演示，真是精彩极了！台下的学生也都听得很认真。只有将学生资源充分调动起来，教学才真的体现出它的魅力所在。化学课程的实验不仅给教师带来了前所未有的挑战，而且直接牵动着学校管理和教研制度的变革。为新课程实验做好服务，成为对学校管理的迫切要求；通过以校为本的教研帮助教师适应新课程教学的需要，成为不少实验区努力的目标。

四、构建新型师生关系与建立全新学习评价方式的实践

新课程的三维目标体系即学习的过程与方法、知识与能力、态度情感与价值观三位一体的评价与目标体系，对教师在教学实践过程中，构建新型的师生关系、建立全新的学习评价体系等都提出了全新的要求。

教师要为学生创设宽松的学习氛围，鼓励其各自发表不同的见解，并善于引导和发展这些见解中有新意的部分或合理的成分，让学生有充分自由的思考空间。教师还要教育学生，在欣赏自己的同时，也要学会去欣赏他人。

以笔者所在学校为例，这种师生关系的改变直接引起课堂开始具有开放性，同时伴随着学习方式的变化，自主学习、探究学习、小组合作学习等学习方式相继出现。在培养学生合作与交流能力的同时，调动每一个学生的参与意识与学习积极性。像“考考您”“我

的发现”“我的活动方案”等在以往教学中从未见过的内容纷纷呈现在教师的面前。我们在教学过程中尽量多创造机会让学生参与、发表见解、随时提问，甚至让学生讲课、展示自己。例如，在讲解溶液一节内容时，大胆地将学生领进了化学实验室，在介绍完溶解操作方法之后，让学生当场自己用水配制食盐、硫酸铜、泥砂、洗衣粉、洗发水、食用油、牛奶等液体，并让学生对它们进行观察和分类。在各组展示分类结果及汇报的过程中，溶液、浊液特点都被学生用自己的语言呈现了出来。学生不认为是教师在教知识，而是自己在研究科学，因此参与十分踊跃，结果出现后，学生很有成就感。另外，新的评价体系的建立，使课堂焕发出了新的光彩。要发挥评价的激励作用，关注学生成长与进步。我们在课堂上常用的评价语除了“真棒”“真聪明”之外，还有“你的发现非常重要”“哪位小老师给我介绍一下”“好眼力”“小科学家”等。评价方式除了教师评价外，还有学生自评、学生互评以及家长参评等。我们还建立了学生的科学成长档案，来记录学生的评价过程以及评价结果，甚至还包括学生作品，如小课件、小论文、阶段学习之后的感想等内容。

通过近一年的实践摸索，我们发现，学生之间的互相评价比教师评价更具有激励作用。当学生知道所有的小型火山模型的作品都要展出、参与互评时，相当一部分同学的作品不尽如人意，他们主动要求重做。展出结束之后，一些同学在日记中写道：“这一次没拿到优秀奖，下一次一定做出好作品。”当然，凡事都需要有个度，激励手段也并非凡用皆灵或一用即灵，或用得越多越好，因为它们会让学生感到表扬来得容易，反而不珍视教师的表扬，教师的表扬也无法引起学生的共鸣。由于多学科的综合，学生时常拿一些生活中的问题来发问，有一些就被教师和学生一起探究出了结果。例如：有一组学生对当今市场上销售的洗衣粉污染环境状况十分感兴趣，于是教师和学生一起进行了课外探究活动，最后的论文还在福田区科技节上获得二等奖，学生十分激动，教师更是感到欣慰。教师鼓励学生多提问，积极探究，还和学生一起探究、一起实验、一起思考、一起成长。

实例一　水的净化

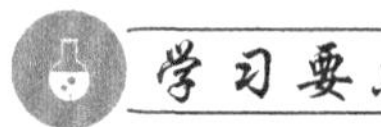

【学习目标】

(1) 知道纯水与自然水、硬水与软水的区别；

(2) 了解水的净化常用的方法，如吸附、沉淀、过滤和蒸馏等；

(3) 初步学会过滤的原理及操作；

(4) 学会常用的检验硬水与软水的方法，掌握硬水软化的方法。

【学习重点】

能通过实验探究掌握净水的方法；能区分硬水和软水。

【学习难点】

吸附、过滤、蒸馏的操作。

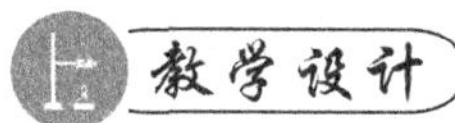

一、创设情境

《鲁滨逊漂流记》的故事相信大家都已经很熟悉。俗话说：“人可一日无餐，不可一日无水。”鲁滨逊流落杳无人烟的荒岛，他生活时只能从池塘中取得一些泥水，这些泥水可饮用吗？他能否从中提取洁净的饮用水？

二、新课学习

引言：自然界中的河水、湖水、井水、海水等天然水都不是纯净物。因其含有一定的杂质而影响人类的生活质量，给工农业生产带来诸多危害。用比较混浊的河水、湖水、海水、井水如何得到比较澄清的自来水呢？这就是我们本课题要探讨的“水的净化”问题。

（一）知识点1：纯水和天然水

（1）纯水：无色、无臭、清澈透明，不含杂质，属于纯净物，如蒸馏水。

（2）天然水：含有许多可溶性和不溶性杂质，不溶性杂质使天然水混浊，可溶性杂质则可能使其有气味或颜色。属于混合物，如河水、井水、湖水、海水等。

展示：向学生展示一杯混浊的泥水，引出净水的方法——静置沉淀。

（二）知识点2：水的净化方法

（1）沉淀：在实际生产中，仅通过静置沉淀的方法并不能使不溶的杂质全部沉降，所以我们一般采用加入明矾的方法进一步净化，此种方法我们叫作吸附沉淀。吸附沉淀是指在水中加入絮凝剂明矾等，利用明矾溶于水后产生的胶状物吸附悬浮杂质，使杂质沉降，从而达到净水的目的。

（2）过滤：分离液体与不溶于该液体的固态物质的一种操作。

播放：播放“过滤”视频。

提问：过滤操作的注意事项是什么？

回答：一贴：滤纸紧贴漏斗内壁；二低：滤纸边缘低于漏斗口边缘，液面低于滤纸边缘；三靠：烧杯嘴靠在玻璃棒的中下部，玻璃棒下端轻靠三层滤纸一侧，漏斗的下端管口紧靠烧杯内壁。

追问：经过过滤操作后，滤液仍然混浊的原因是什么？

回答：①滤纸破损；②过滤时液面高于滤纸边缘；③仪器不干净等。

(3) 吸附：利用活性炭等具有吸附作用的物质把水中的一些不溶性杂质滤去，部分可溶性杂质吸附在其表面而除去。作用：活性炭不仅可以滤去液体中的不溶性物质，还可以吸附掉一些溶解的杂质。

利用生活中的物质自制一个简易净水器。建议学生积极查阅资料。

思考：经上述沉淀、过滤、吸附等净化处理后，混浊的水变澄清了，那澄清的水可以直接饮用了吗？

回答：不可以。

播放：让学生观看自来水厂的净水过程影片。

(三) 知识点3：硬水和软水

(1) 硬水：含有较多可溶性钙、镁化合物的水。

(2) 软水：不含或含较少可溶性钙、镁化合物的水。

(3) 区分硬水和软水的方法：取等量的软水和硬水水样，分别向其中加入等量的肥皂水搅拌，观察，产生大量泡沫的水样是软水，不产生泡沫或产生泡沫很少且易起浮渣的水样是硬水。

(4) 硬水的危害：

①用硬水洗涤衣物，既浪费肥皂也洗不净衣物，时间长了还会使衣物变硬。

②锅炉用水硬度高了会十分危险，因为锅炉内结垢不仅浪费燃料，而且会使锅炉内管道局部过热，易引起管道变形或损坏，严重时还可能引起爆炸。

(5) 降低水的硬度的方法：

除去或减少硬水中钙、镁化合物的过程叫作硬水的软化。

①生活中通过煮沸可以降低水的硬度。

②实验室中用蒸馏的方法使硬水软化。

③工业上和科学实验中还用到离子交换法等。

三、课堂小结

(1) 水的净化方法：沉淀、吸附、过滤、蒸馏。

(2) 过滤："一贴，二低，三靠"；玻璃棒作用：引流。

(3) 硬水与软水。

①硬水：含有较多可溶性钙和镁化合物的水。

②软水：不含或含有较少可溶性钙和镁化合物的水。

③硬水与软水的检验：用肥皂水。

④硬水软化的方法：煮沸、蒸馏。

教学反思

本堂课充分开发学生的生活经验，探究将河水转化为能饮用的水所要解决的主要问题，重点探究并构建实验室中用滤纸和漏斗来过滤液体的正确操作方法，培养学生从化学的角度解决生活实际问题的能力和科学思维方法，实现科学教育与人文精神培养相融合的教学理念。

实例二　金属的化学性质

学习要点

【学习目标】

（1）掌握金属与氧气反应的规律；

（2）掌握金属与酸反应的规律；

（3）了解置换反应特征；

（4）通过对金属与氧气、酸反应的规律探究，体会事物的规律性与特殊性的统一。

【学习重点】

（1）金属与氧气、酸反应化学方程式书写的规律；

（2）置换反应的辨别。

【学习难点】

金属与氧气、酸反应的规律性及特殊性。

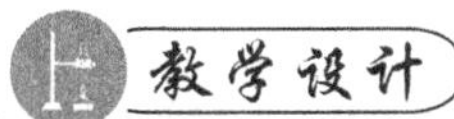

教学设计

一、创设情境

通过展示一些日常生活中的金属制品（如铁钉、铜线、铝罐等），让学生初步思考这些金属材料在我们的生活中的应用及其可能具有的化学性质。通过观察不同金属在自然条件下的变化（如锈蚀）来引入金属的化学性质，满足学生探索其变化原因的好奇心。

二、新课学习

（一）知识点 1：金属的化学性质

故事导入：在历史发展过程中，人类从石器时代进入青铜器时代，继而进入铁器时代。到了铁器时代，铁和钢的使用就比较广泛了。在100多年前，人们又发现和利用了铝。而铜、铁、铝是现代社会应用的最多的三种金属材料。

学生活动：学生观看故事并思考金属能与哪些物质发生反应。

讲解：上节课我们学习了金属材料的分类，这节课我们来探究一下金属有哪些化学性质，这些性质与人类发现并应用它们的顺序有什么关系。

板书：金属的化学性质

（二）知识点2：金属与氧气的反应

讲解：前面的学习中，我们学习了铁在氧气中燃烧，镁条在氧气中燃烧。

播放多媒体视频：金属镁、铁、铝、铜、金燃烧实验。

学生活动：学生观看实验，并记录实验现象。

板书：金属与氧气反应。

提问：金属与空气或氧气反应会发生什么样的现象？尝试写出化学方程式。

学生活动：学生分组讨论，并总结回答。

讲解：

（1）镁。①空气：剧烈燃烧，发出耀眼的白光，生成白色固体。②氧气：比在空气中更剧烈。③ $2Mg + O_2 \xlongequal{点燃} 2MgO$ 。

（2）铁。①空气：不燃烧，只发红发热。②氧气：剧烈燃烧，火星四射，生成黑色固体。③ $3Fe + 2O_2 \xlongequal{点燃} Fe_3O_4$ 。

（3）铝。①空气：生成致密氧化铝薄膜。②氧气：剧烈燃烧，发出白光，生成白色固体。③ $4Al + 3O_2 \xlongequal{点燃} 2Al_2O_3$ 。

（4）铜。①空气：常温干燥环境中化学性质稳定，几乎不与氧气反应。②氧气：加热条件下，铜与氧气反应，表面变黑。③ $2Cu + O_2 \xlongequal{点燃} 2CuO$ 。

（5）金。高温下也不与氧气发生反应。

板书：

$$2Mg + O_2 \xlongequal{点燃} 2MgO ;$$

$$3Fe + 2O_2 \xlongequal{点燃} Fe_3O_4 ;$$

$$4Al + 3O_2 \xlongequal{点燃} 2Al_2O_3 ;$$

$$2Cu + O_2 \xlongequal{点燃} 2CuO 。$$

提问：为什么不同的金属与氧气反应的条件不同？

学生活动：学生思考并回答。

总结：我们可以根据金属与氧气反应的程度判断金属的活动性顺序。金属越活泼，越

易与氧气发生反应，同等条件，活泼金属反应更剧烈。镁、铝比较活泼，铁、铜次之，金最不活泼。

学习评价：学生能积极主动参与思考，探究金属与氧气的反应原理和实验现象。

（三）知识点3：金属与酸的反应

引言：金属除了能够与氧气反应之外，还能与哪类物质发生反应呢？能否通过金属与酸反应的剧烈程度来判断金属的活动性强弱呢？

学生活动：学生思考并回答。

板书：金属与酸的反应。

演示实验：演示镁条与稀盐酸（稀硫酸）的反应，在试管里放入少量镁，加入5 mL稀盐酸（稀硫酸），用燃着的小木条放在试管口，观察现象，并判断反应后生成了什么气体。

学生活动：学生观看演示实验，并记录现象。

学生结论：生成氢气。

学生实验：学生分组实验：参照上述实验步骤，依次在放有少量镁、锌、铁或铜的试管中加入稀盐酸（稀硫酸），观察现象，比较反应的剧烈程度，并书写化学方程式。

学生活动：学生实验并书写化学方程式。

学生结论：

$$Mg + 2HCl = MgCl_2 + H_2\uparrow;$$
$$Zn + 2HCl = ZnCl_2 + H_2\uparrow;$$
$$Fe + 2HCl = FeCl_2 + H_2\uparrow;$$
$$Mg + H_2SO_4 = MgSO_4 + H_2\uparrow;$$
$$Zn + H_2SO_4 = ZnSO_4 + H_2\uparrow;$$
$$Fe + H_2SO_4 = FeSO_4 + H_2\uparrow。$$

讲解：

（1）镁：剧烈反应，有大量气泡产生，溶液无色。

（2）锌：反应较快，有大量气泡产生，溶液无色。

（3）铁：有少量气泡产生，反应慢，溶液由无色变为浅绿色。

（4）铜：无现象。

板书：

$$Mg + 2HCl = MgCl_2 + H_2\uparrow;$$
$$Zn + 2HCl = ZnCl_2 + H_2\uparrow;$$
$$Fe + 2HCl = FeCl_2 + H_2\uparrow;$$
$$Mg + H_2SO_4 = MgSO_4 + H_2\uparrow;$$

$$Zn + H_2SO_4 = ZnSO_4 + H_2\uparrow;$$

$$Fe + H_2SO_4 = FeSO_4 + H_2\uparrow。$$

镁＞锌＞铁＞铜。

总结： 不是所有的金属都能与稀盐酸（稀硫酸）发生化学反应。镁、锌、铁都能与稀盐酸（稀硫酸）反应，放出氢气，而铜则不与稀盐酸（稀硫酸）反应。四种金属的活动性由强到弱的顺序：镁＞锌＞铁＞铜。因此，我们还可以根据金属是否与稀盐酸（稀硫酸）反应，以及反应的剧烈程度判断金属的活动性顺序。

学习评价： 学生能够根据实验操作，总结金属和酸反应的现象和规律。

（四）知识点 4：置换反应

讨论： 根据镁、锌、铝与稀盐酸反应的化学方程式，观察这些反应有什么共同点。

学生活动： 学生观察并分组讨论。

讲解： 一种单质与一种化合物反应，生成另一种单质和另一种化合物的反应叫作“置换反应”。

板书： 置换反应。

提问： 镁、锌、铝这些金属能够把氢从酸当中置换出来，说明镁、锌、铝的化学性质与氢的化学性质谁更活泼？

学生活动： 学生思考并回答。

学生结论： 镁、锌、铝。

总结： 化学性质比氢活泼的金属，可以把氢从酸中置换出来。

学习评价： 学生能够了解置换反应并通过置换反应判断物质的化学性质谁更活泼。

（五）知识点 5：金属活动性顺序

引言： 我们已经了解了置换反应，那我们能否通过两种金属之间的置换反应判断金属活动性的强弱呢？

板书： 金属活动性顺序。

演示实验： 铝与硫酸铜反应、铜丝与硝酸银反应、铜丝和硫酸铝反应。

学生活动： 学生观看实验，并记录实验现象。

讲解：

（1）铝与硫酸铜：铝丝表面有红色物质生成，溶液由蓝色变为无色；

（2）铜丝与硝酸银：铜丝表面有银白色物质生成，溶液由无色变为蓝色；

（3）铜丝与硫酸铝：不反应。

化学方程式：

$$2Al + 3CuSO_4 = Al_2(SO_4)_3 + 3Cu;$$

（活动性：$Al > Cu$）

$Cu + 2AgNO_3 = Cu(NO_3)_2 + 2Ag$；

（活动性：Cu＞Ag）

铜丝与硫酸铝：不反应。

（活动性：Cu＜Al）

三种金属活动性顺序为：Al＞Cu＞Ag。

总结：所以，我们可以根据金属能否与金属化合物溶液发生置换反应来比较金属活动性顺序的强弱，若能发生置换反应，则这种金属的活动性强，否则就弱。

引言：经过许多实验和探究，人们归纳和总结出了金属活动性顺序表（见图 2-1）。

K　Ca　Na　Mg　Al　Zn　Fe　Sn　Pb　(H)　Cu　Hg　Ag　Pt　Au

→

金属活动性由强逐渐减弱

图 2-1　金属活动性顺序表

板书：金属活动性顺序表。

讲解：金属活动性顺序表的应用。

（1）可判断金属的活动性（位置越靠前，活动性越强）；

（2）可判断金属能否与酸发生置换反应而产生氢气（排在氢前边的金属可以与酸反应置换出氢气）；

（3）可判断金属能否跟盐溶液发生置换反应（一看金属是否位于金属化合物中的金属元素的前面；二看该化合物是否溶于水）。

练习：根据金属活动性顺序表，判断下列反应能否发生。能反应的写出化学方程式。

（1）铜和硫酸锌溶液；

（2）锌和硫酸铜溶液；

（3）金和硫酸铜溶液；

（4）铁和氯化银溶液。

学习评价：

学生通过实验视频能够记录置换反应实验现象，能够总结比较金属活动性的强弱。

三、课堂小结

通过本实例学习，学生可以掌握金属与氧气的反应规律、金属与酸的反应规律，了解置换反应的特点，并通过置换反应了解金属活动性的顺序，还可以体会事物的规律性，加深了对金属化学性质以及这些性质在工业和科研中的理解和应用。这些知识将帮助学生更好地理解和利用金属及其化合物，为未来的科学探索和技术创新奠定基础。

教学反思

本课题主要讲解金属的化学性质。通过学习，我们知道，在化学中研究一种物质，要从它的物理性质和化学性质入手，进而探究由其性质决定的物质的用途并发展这一思路，进一步了解化学对人类生活和科技进步做出的巨大贡献。通过化学实验，观察实验现象，总结实验结论，参与对金属化学性质的探究，了解金属活动性顺序在实际生活中的应用。将微观反应应用到宏观世界，增强学生对化学探究的好奇心，培养学生严谨认真、实事求是的科学态度。

本节内容更加注重学生的自主操作和探究，既能巩固前面学习的知识，又培养学生应用所学知识和技能解决实际问题的能力。本节课内容为金属的化学性质，我们不仅要熟悉实验操作步骤，掌握金属化学性质原理和实验现象，更要通过实验的操作和观看，掌握金属活动性比较的一般思路和金属活动性顺序表的应用。举一反三，循序渐进，培养学生严谨认真、实事求是、迎难而上的科学精神。学生本身又处于求知欲望强烈阶段，学生自主进行实验操作，参与其中，可以满足学生对化学的好奇心与兴趣，增强学生学习化学的信心。今后要更多地让学生自主参与课堂的教学，培养学生严谨认真的态度与善于总结和观察的能力。

实例三　金属和金属材料

【学习目标】

（1）知道金属材料包括金属和合金；

（2）知道金属在物理性质方面的共性与个性；

（3）知道合金的特征及特性；

（4）通过了解金属材料在历史和现代社会中的作用，体会化学在人类社会进步中的重要作用。

【学习重点】

（1）金属的共性和个性；

（2）合金的特征和特性。

【学习难点】

理解影响物质用途的因素。

教学设计

一、创设情境

通过多媒体展示金属及金属制品的图片，纯金属虽然具有良好的性质，但合金通常更受欢迎。合金是如何结合不同金属的优点的？表格展示常见合金（如钢、黄铜、铝合金）的性质，并讨论它们如何结合了组成元素的优点。帮助学生将课堂知识与现实世界联系起来，增强学习的实践性和趣味性。

二、新课学习

（一）知识点1：金属材料

多媒体展示：多媒体展示金属制品图片（见图2-2～图2-5）。

图2-2　金属制品1

图2-3　金属制品2

图 2-4　金属制品 3

图 2-5　金属制品 4

学生活动：学生观看图片。

引言：人类从石器时代进入青铜时代进而进入铁器时代，金属制品在人类生产生活中广泛使用。铜、铁、铝是现代社会应用得最多的三种金属材料。在我们的日常生活中，我们使用过或见过哪些金属制品？这节课我们就来了解一些金属材料。

学生活动：学生思考并回答。

板书：金属材料。

学习评价：通过观看古代、现代金属制品图片，引入课题，使学生了解金属制品在生产生活中无处不在，兴致盎然地进入教学情境，引发对金属材料的思考。

（二）知识点 2：金属的物理性质

引言：人类使用的金属材料包括纯金属以及它们的合金。金属材料的应用促进社会的发展。

板书：金属的物理性质。

交流讨论：金属的广泛应用都与它们的性质有很大的联系。结合实际生活，说一说金属都有哪些物理性质。

学生活动：学生分组讨论、总结。

总结：金属一般具有以下性质。

（1）金属一般有金属光泽；

（2）金属一般为固体（汞是液体）；

（3）金属一般易导电、导热；

（4）金属的熔沸点一般比较高；

（5）金属一般有较好的延展性；

（6）金属一般密度大、硬度大。

板书： 金属的共性。

引言： 金属除了具有一些共同的物理性质之外，还具有各自的特性。

阅读： 比较金属的物理性质。

学生活动： 学生总结金属的特性。

板书： 金属的特性。

讲解： 金属的特性。

（1）颜色不同：大多数金属呈银白色，但是铜呈紫红色，金呈黄色；

（2）状态不同：常温下，大多数金属为固体，但汞为液体；

（3）不同的金属导电性、密度、熔点、硬度等物理性质差别比较大。

交流讨论： 根据生活经验和所学知识，讨论下列问题。

（1）为什么菜刀、镰刀、锤子等用铁制而不用铅制？

（2）银的导电性比铜好，为什么电线一般用铜制而不用银制？

（3）为什么灯泡里的灯丝用钨制而不用锡制？如果用锡制会出现什么情况？

（4）为什么有的铁制品如水龙头等要镀铬？如果镀金怎么样？

学生活动： 学生交流并总结，小组汇报。

学生结论：

（1）铁的硬度更大；

（2）银的导电性虽然比铜好，但铜的价格更便宜；

（3）钨的熔点最高，锡的熔点较低，如果用锡，则灯丝易熔断；

（4）铬硬度大，耐磨、美观而且防锈；金的硬度小，如果镀金，价格成本大大增加且不耐用。

讲解： 通过以上讨论，我们知道物质的性质在很大程度上决定了物质的用途，但这不是唯一的因素。在考虑物质的用途时，还需要考虑资源多少、价格高低、是否美观、使用是否便利、废料是否易于回收和对环境是否产生影响等多种因素。

板书： 物质的性质决定用途，物质的用途反映性质。

总结： 金属之最。

（1）地壳中含量最高的金属元素：铝；

（2）人体中含量最高的金属元素：钙；

（3）目前世界年产量最高的金属：铁；

（4）导电、导热性最好的金属：银；

（5）硬度最高的金属：铬；

（6）熔点最高的金属：钨；

（7）熔点最低的金属：汞；

（8）密度最大的金属：锇；

（9）密度最小的金属：锂。

学习评价：学生观看图片并通过讨论总结金属的物理性质和用途。总结并展示时要思维清晰，表述准确。

（三）知识点3：合金

引言：金属在日常生活中被广泛应用，可是你知道吗，在生活和生产领域，应用最广泛的不是纯金属而是它们的合金。你知道是为什么吗？

学生活动：学生思考并回答。

讲解：合金就是在金属中加热熔合某些金属或非金属而制得的具有金属特性的混合物。

板书：合金。

讲解：比较生铁和钢，纯铁和生铁、钢的不同点。

学生活动：学生总结，小组汇报。

总结：生铁和钢都是铁的合金，主要成分都是铁。主要区别是它们的含碳量不同；生铁和钢都比纯铁硬度更大，不锈钢比纯铁具有更强的抗腐蚀性。

实验探究：比较黄铜（铜锌合金）和铜片、硬铝（铝合金）和铝片的光泽和颜色；将它们相互刻划，比较它们的硬度。

学生活动：学生分组实验，并记录。

讲解：

（1）颜色比较：

①黄铜：暗，黄色；

②铜：亮，紫红色；

③硬铝：暗，灰白色；

④铝：亮，银白色。

（2）硬度：

黄铜比铜硬；硬铝比铝硬。

学生活动：学生讨论并总结，小组汇报。

结论：合金一般比组成它的纯金属硬度大。

查阅资料：焊锡是锡和铅的合金，主要用于焊接金属等；武德合金是铋、铅、锡和镉的合金，可用于制电路保险丝等。

讲解：合金一般比组成它的纯金属的熔点要低。

板书：合金的性质是熔点低、硬度大、耐腐蚀。

引言：合金的很多性能与组成它们的纯金属不同，具有熔点低、硬度大、耐腐蚀等特点，使合金更适合于不同的用途。因此，日常使用的金属材料大多数属于合金。

讲解：了解常见合金的主要成分、性能和用途。

板书：常见的合金。

讲解：

（1）铜合金：青铜（铜锡合金）、黄铜（铜锌合金）；

（2）铁合金：生铁（含碳量为2%～4.3%）、钢（含碳量为0.03%～2%）；

（3）铝合金：强度和硬度好、质量轻、抗腐蚀，用于飞机、火箭等制造业；

（4）钛合金：熔点高、密度小、可塑性好、易于加工、耐腐蚀、机械性能好等优良的性能，被广泛应用于火箭、导弹、航天飞机、船舶、化工和通信设备以及人造骨制造等领域。

（5）18k金是黄金含量达到75%的合金，24k金的黄金含量达到99.9%以上，也称“足金”。

学习评价：以日常生活中合金的应用引入合金的性质。将化学知识与实际生活相结合。

三、课堂小结

了解金属材料包括纯金属及其合金，知道合金的特征及特性，金属的共性及个性。不仅可以加深了对金属和金属材料的理解，还能够了解它们在现代科技和工业中的重要作用。这些知识将帮助学生更好地理解和利用金属及其合金，为未来的科学探索和技术创新奠定基础。

教学反思

通过日常生活中常见的金属材料制成的生活用品和历史发展中人类对于金属制品的使用，引入金属的物理性质和合金的概念以及金属材料的组成。联系生活实际，更全面地讲解金属的化学性质，以及合金的性质和利用。向金属中加入其他物质可以获得更优质的金属性能，通过这一点培养学生综合分析问题的能力。使学生感受化学在日常生活中和科技中的应用，使其拓宽眼界，并意识到化学改变生活的重大作用。

本节课选择富有吸引力的图片进行展示，使同学深刻认识到金属材料在人类历史进程中和生产生活中的重大作用；通过日常生活中的金属制品，了解物质性质和用途的关系，明白物质的结构决定物质的性质，物质的性质决定物质的用途，物质的用途体现了物质的性质。

在实验探究中，学生分组实验并讨论，认真观察记录并总结合金与金属性质的区别。

在讨论探究中，让学生深刻认识和总结金属的物理性质，充分提高和调动学生的学习兴趣和学习热情。

本课题本节内容主要讲述金属材料的性质和用途。通过实验演示，学生分组讨论，探究合金与金属性质的区别，使学生更加全面立体地掌握金属材料的性质和用途。前一单元我们已经学习了物质的性质和用途的关系，这节课作为下册学习内容的第一课有着承上启下的作用。在课堂中，鼓励学生分组讨论，各抒己见，分析和总结，有助于培养学生严谨认真、实事求是、善于观察的科学态度。在课程中要更加注重与学生的互动，引导学生思考观察和总结。加深学生对于性质和用途的了解及对于金属材料的掌握和理解。

实例四　金属资源的利用和保护

【学习目标】

(1) 了解金属资源存在于哪里及存在形式，知道我国的金属资源状况；

(2) 知道炼铁的原理、原料及设备等；

(3) 掌握根据化学方程式进行有关混合物的计算的方法；

(4) 通过对“铁的冶炼的原理”实验中防止CO爆炸及尾气处理的学习，培养学生实验中的安全意识和环保意识。

【学习重点】

(1) 炼铁反应原理的实验；

(2) 根据化学方程式进行有关混合物的计算。

【学习难点】

(1) 炼铁反应原理的实验；

(2) 根据化学方程式进行有关混合物的计算。

一、创设情境

视频展示从矿石中提炼金属的过程，包括采矿、选矿和冶炼。例如，铁矿石经过高炉冶炼转化为生铁，这是制造钢的起点。金属是不可再生资源，其存量有限。我们如何平衡当前的需求与未来发展的可持续性？通过数据展示全球金属资源的开采速度和剩余储量，讨论资源枯竭的风险，金属的开采过程对环境有何影响？我们应该如何减少这些影响？通

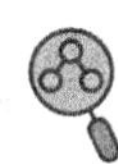

过案例研究或视频资料展示开采活动对生态系统的破坏，如水污染、土壤退化等。金属提炼过程通常需要大量能源，这与我们的能源使用效率和碳排放目标有何关联？金属回收是减少新开采需求和环境影响的有效途径，那么回收过程是怎样的？通过参观回收工厂或视频展示金属的回收过程，讨论金属的循环利用对环境的影响。通过以上情境创设，学生不仅能够理解金属资源的重要性和保护其的必要性，还能培养他们的批判性思维和解决问题的能力。这些情境还将帮助学生将课堂知识与现实世界联系起来，增强学习的实践性和趣味性。

二、新课学习

（一）知识点1：金属资源的利用和保护

多媒体播放视频：丰富多彩的金属材料。

学生活动：学生观看视频。

讲解：金属材料无处不在，人类日常生产生活中都会用到，那我们该如何利用金属资源、保护金属资源呢？

板书：金属资源的利用和保护。

学习评价：通过观看视频，导入本节课内容，认识金属在自然界的存在。

（二）知识点2：金属在自然界中的存在

了解金属元素在地壳中的含量。

讲解：

（1）金属广泛存在于地壳和海洋中；

（2）存在形式：少数很不活泼的金属如金、银等有单质形式存在；其余金属都以化合物的形式存在；

（3）金属元素在地壳中的含量：铝＞铁＞钙＞钠＞钾。

学生活动：学生讨论并总结。

板书：金属在自然界中的存在。

讲解：了解常见的金属矿石。

多媒体展示图片：赤铁矿，如图2-6所示；黄铁矿，如图2-7所示；菱铁矿，如图2-8所示。

图 2-6　赤铁矿

图 2-7　黄铁矿

图 2-8　菱铁矿

学生活动：学生观看图片，了解常见金属矿石。

讲解：常见金属矿石有赤铁矿、黄铁矿、菱铁矿、铝土矿、黄铜矿、辉铜矿、磁铁矿。

学习评价：通过讨论，总结金属在自然界的存在。

（三）知识点 3：一氧化碳还原氧化铁

引言：早在春秋战国时期，我国就开始生产和使用铁器，从 1 世纪起，铁变成了一种最主要的金属材料。那怎样把铁元素从铁矿石中提炼出来？

讲解：炼铁的原理是利用一氧化碳与氧化铁的反应。

板书：一氧化碳还原氧化铁。

提问：根据一氧化碳还原氧化铜，一氧化碳还原氧化铁的实验步骤有哪些。

学生活动：

（1）学生思考并回顾一氧化碳还原氧化铜；

（2）学生分组讨论并总结展示。

多媒体播放视频：一氧化碳还原氧化铁。

讲解：

（1）实验步骤：

①检查装置气密性；

②装入药品并固定；

③点燃右侧酒精灯后通入纯净的 CO；

④点燃酒精喷灯给氧化铁加热；

⑤反应完成，熄灭左侧酒精喷灯；

⑥玻璃管冷却后，停止通入 CO 并盖灭右侧酒精灯。

（2）实验装置：

实验装置如图 2-9 所示。

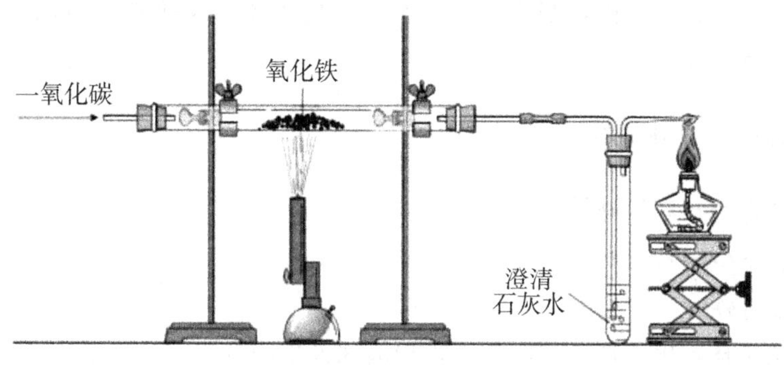

图 2-9　实验装置

（3）实验现象：红色粉末（氧化铁）逐渐变成黑色，澄清的石灰水逐渐变混浊，尾气燃烧产生蓝色火焰。

（4）实验原理：$3CO + Fe_2O_3 \xlongequal{高温} 2Fe + 3CO_2$，一氧化碳起还原剂作用。

提问：整个反应过程中涉及的化学方程式有哪些？

学生活动：学生思考并回答。

结论：

左侧酒精喷灯：

$$3CO + Fe_2O_3 \xlongequal{高温} 2Fe + 3CO_2;$$

试管中：

$$CO_2 + Ca(OH)_2 \xlongequal{} CaCO_3 + H_2O;$$

右侧酒精灯：

$$2CO + O_2 \xlongequal{点燃} 2CO_2。$$

思考：

（1）装置末端酒精灯的作用是什么？

（2）如何检验生成的黑色固体中有铁粉？

（3）为什么要先通入一段时间 CO，再加热 Fe_2O_3？

（4）为什么要先停止加热，待物质冷却后再停止通 CO？

讲解：

（1）点燃尾气，防止有毒的 CO 污染空气；

（2）磁铁吸引/加入足量稀盐酸产生气泡；

（3）排尽装置内的空气，防止加热发生爆炸；

（4）防止生成铁粉再次被氧化。

板书：

$$3CO + Fe_2O_3 \xlongequal{高温} 2Fe + 3CO_2。$$

学习评价： 小组讨论积极，观察仔细。对一氧化碳还原氧化铁进行归纳总结、交流。展示时要思维清晰，表述准确。

（四）知识点 4：工业炼铁

多媒体播放视频： 高炉炼铁。

学生活动： 学生观看视频。

板书： 工业炼铁。

多媒体展示图片： 炼铁炉内部图及炼铁炉内部发生的反应，如图 2-10 和图 2-11 所示。

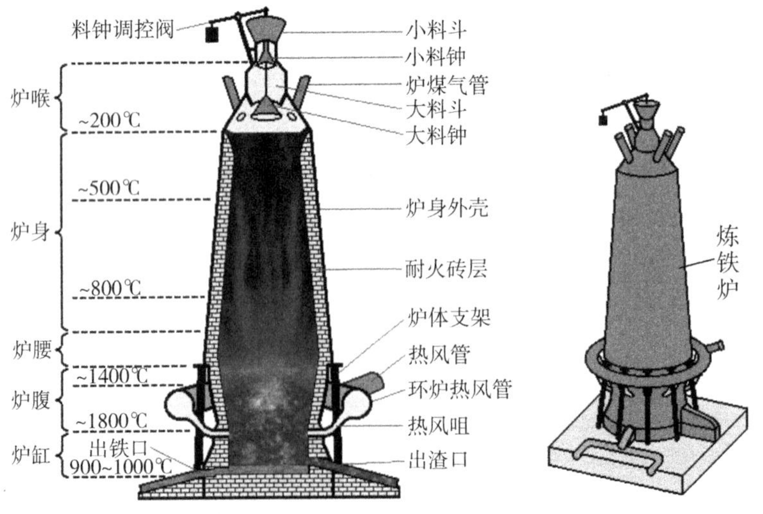

图 2-10 炼铁炉内部图

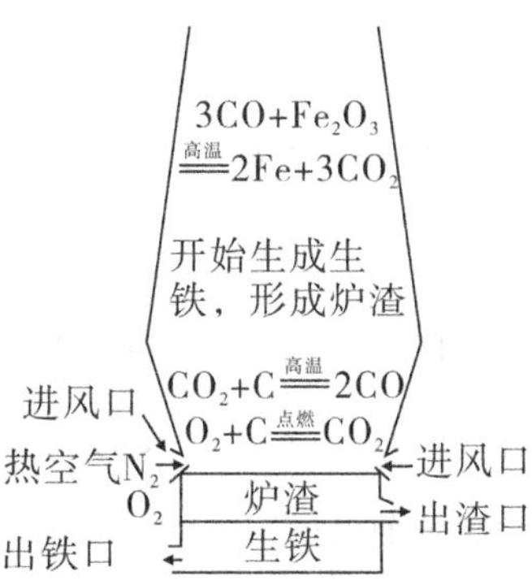

图 2-11　炼铁炉内部发生的反应

学生活动：学生观看图片，了解高炉炼铁的反应原理。

引言：铁矿石的冶炼是一个复杂过程，把铁矿石、焦炭、石灰石一起加入高炉，在高温下，利用炉内反应生成的一氧化碳把铁从铁矿石中还原出来。写出高炉炼铁中的反应方程式。

学生活动：学生思考并回答。

结论：

$$C + O_2 \xlongequal{高温} CO_2；$$

$$CO_2 + C \xlongequal{高温} 2CO；$$

$$3CO + Fe_2O_3 \xlongequal{高温} 2Fe + 3CO_2；$$

$$CaCO_3 + SiO_2 \xlongequal{高温} CaSiO_3 + CO_2\uparrow 。$$

讲解：

（1）工业炼铁原料：铁矿石、焦炭、石灰石。

（2）炼铁高炉内发生的化学反应：

$$C + O_2 \xlongequal{高温} CO_2；$$

$$CO_2 + C \xlongequal{高温} 2CO；$$

$$3CO + Fe_2O_3 \xlongequal{高温} 2Fe + 3CO_2。$$

焦炭的作用：提供热源，制还原剂 CO。

（3）石灰石的主要作用是将矿石中的二氧化硅转变为炉渣。

$$CaCO_3 + SiO_2 \xlongequal{高温} CaSiO_3 + CO_2\uparrow 。$$

（4）产品：生铁（含碳量为 2%～4.3%的铁合金）。

学生活动： 学生分组讨论，并总结。

板书：

$$C + O_2 \xlongequal{高温} CO_2;$$

$$CO_2 + C \xlongequal{高温} 2CO;$$

$$3CO + Fe_2O_3 \xlongequal{高温} 2Fe + 3CO_2;$$

$$CaCO_3 + SiO_2 \xlongequal{高温} CaSiO_3 + CO_2\uparrow。$$

学习评价： 通过视频导入工业炼铁的设备和原理，使学生认识到工业炼铁的工艺流程。

（五）知识点 5：含杂质物质的计算

引言： 在实际生产时，所用的原料或产物一般含有杂质，在计算用料和产量时，应考虑到杂质问题。下面我们通过一个例题来学习一下。

板书： 含杂质物质的化学反应计算。

例题： 用 1 000 t 含氧化铁 80%的赤铁矿石，理论上可以炼出含铁 96%的生铁的质量是多少？

学生活动： 学生思考并作答。

分析：

（1）纯净物与含杂质物质的换算关系：含杂质物质质量×纯净物质量分数＝纯净物质量。

（2）计算步骤：

第一步，将含杂质的物质质量转化成纯物质的质量，纯物质质量＝不纯物总质量×纯度；

第二步，将纯净物质量代入化学方程式；

第三步，将纯物质转化成杂质物质的质量。不纯物质质量＝纯物总质量÷纯度。

学生活动： 学生讨论并总结。

讲解： 掌握做题规范。

板书： 含杂质物质质量×纯净物质量分数＝纯净物质量。

学习评价： 通过例题讲解，学会含杂质物质的计算。

（六）知识点 6：铁制品锈蚀的条件

多媒体播放视频： 金属腐蚀。

学生活动： 学生观看视频。

学习评价： 学生观看视频，了解金属腐蚀带来的危害。

引言：人类每年要向大自然索取大量金属矿物资源，提取数亿吨的金属。据不完全统计，世界各国每年因金属腐蚀而报废的金属相当于年产量的20%～40%，这是一个惊人的数字。防止金属腐蚀已成为科学探究和技术领域中的重大问题。

实验探究：金属锈蚀给人类带来了巨大的损失，你知道金属锈蚀的原因吗？接下来我们通过实验，来探究铁制品腐蚀的条件。

板书：铁制品锈蚀。

学生实验：教师指导，学生分组实验（见图2-12）。

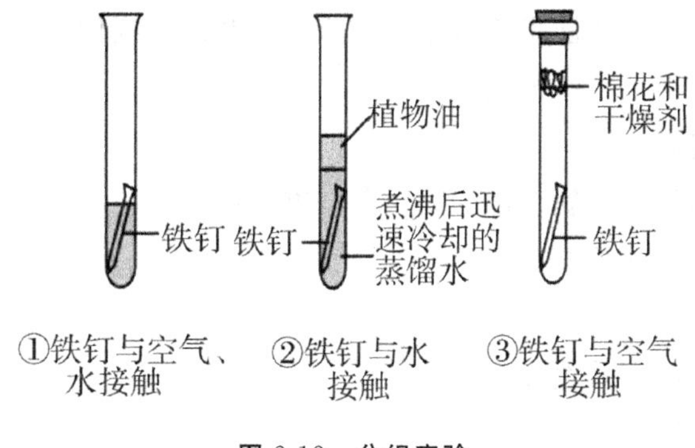

图2-12　分组实验

讲解：

（1）实验现象：①试管内铁钉生锈，且在与水面接触处生锈最严重，②③试管内铁钉没有明显的生锈。

（2）实验分析：对比①②可以说明铁生锈一定要有氧气参加，对比①③可以说明铁生锈一定要有水参加。

（3）实验结论：铁生锈的条件是铁与空气中的氧气、水蒸气同时接触，发生化学反应。

（4）主要成分：$Fe_2O_3 \cdot xH_2O$，结构疏松，不能阻碍里层铁继续被锈蚀，所以铁可以全部被锈蚀。

提问：减缓金属锈蚀有哪些方法呢？

学生活动：学生思考并回答。

讲解：破坏锈蚀条件，隔绝空气或水都可以减缓金属锈蚀。

（1）干：保持金属制品表面干燥；

（2）膜：在金属制品表面覆盖保护膜；

（3）镀：在金属表面镀一层其他金属；

（4）烤：化学方法使金属表面形成致密氧化膜：如锯条上的烤蓝；

（5）改：改变金属组成和结构，添加合金元素：如：铁加入镍，制成不锈钢。

板书： 腐蚀的条件、过程和减缓腐蚀的方法。

讨论： 自行车的构件，分别采取了什么防锈措施？

学生活动： 学生分组讨论并回答。

总结： 车龙头采用胶套、镀铬；车架采用烤漆；车链及齿轮采用涂油；车圈采用镀铬等；支架和车圈也可采用铝合金、不锈钢等其他耐腐蚀的合金材料。

（七）知识点 7：保护金属资源

提问： 金属资源的现状和前景不容乐观，除了防锈蚀，我们该如何保护金属资源？

学生活动： 学生讨论，小组汇报。

板书： 保护金属资源。

讲解： 了解并总结保护金属资源的途径。废弃金属的回收有什么意义？

学生活动： 学生讨论并总结。

讲解：

（1）保护金属资源的有效途径：

①有效地防止金属锈蚀；

②有计划、合理地开采矿物；

③回收和利用废旧金属；

④积极寻找金属的替代品。

（2）回收废旧金属的好处：

①可节约金属资源；

②可减少重金属对环境的污染。

学习评价： 了解金属资源现状和保护金属资源的途径。

三、课堂小结

通过了解金属资源的存在形式，了解炼铁的原理和方法，学习关于混合物的计算，学生不仅加深了对金属资源利用和保护的理解，还了解了如何通过各种措施来实现资源的可持续利用。这些知识将帮助学生更好地管理和保护这一宝贵的自然资源，为未来的科学探索和技术创新奠定基础。

教学反思

通过对“碳和一氧化碳还原氧化铜”的学习，学生对碳和一氧化碳的还原性已经有一定的了解，本节课进行一氧化碳还原氧化铁的学习就有良好的基础。本节课还让学生学会根据化学方程式掌握含杂质物质的计算，可以联系生活，学以致用。通过工业炼铁、金属生锈等内容让学生了解金属在日常生产生活中的重要作用。通过了解金属资源的现状，树

立合理利用金属资源和保护金属资源的意识。学生有一定的学习自主性，有很强的求知欲和探究问题的兴趣，能够在教师的指导下，通过师生互助，不断发展自己、完善自己。

本节课运用多媒体视频生动形象地为学生展示了金属锈蚀的危害，并且通过教师指导实验，学生自己动手实验，切身观察、深入其中，让学生体会到化学是一门以实验为基础的学科。本节课通过对一氧化碳还原氧化铁，使学生回顾了旧知，并应用所学，掌握新的实验；更采用了在课堂上学生讨论并参与总结的教学活动，让学生自己探究并总结。培养学生自主探究能力，利用一些引导性的问题组织学生展开讨论，学生各抒己见，互相学习，共同探究。

本节课主要是通过一氧化碳还原氧化铁的实验和高炉炼铁的相关知识，介绍金属在人类生产生活中的重要作用；再进一步讲解金属制品的锈蚀和防护，从宏观角度把握保护金属资源的必要性，树立保护金属资源的意识。学会含杂质物质的相关计算，将所学应用到实际生活中。对于实验的探究，主张学生的自主性，但是也需要耐心的引导和演示；让学生更多地参与探究，真正把课堂还给学生，使学生的自主意识得到满足，更有利于学生对化学学科的学习，提高学生对化学的兴趣和探索世界的积极性。紧密联系实际，培养学生实事求是、严谨认真的科学态度。将化学理论与生活实际紧密结合，使学生充分感受化学的神奇以及对人类社会的重要作用。

实例五　常见的酸和碱

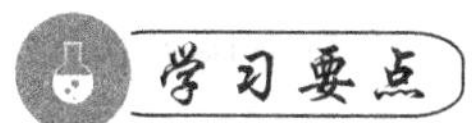

【学习目标】

(1) 认识石蕊、酚酞这两种酸碱指示剂；

(2) 会用酸碱指示剂检验溶液的酸碱性；

(3) 能自制酸碱指示剂，并设计和完成有关的实验；

(4) 了解几种常见的酸，知道盐酸、硫酸的主要性质和用途；

(5) 了解浓硫酸的腐蚀性和使用时的安全注意事项；

(6) 知道稀盐酸和稀硫酸能使指示剂变色；

(7) 知道稀盐酸、稀硫酸能与活泼金属反应；

(8) 知道稀盐酸、稀硫酸能与金属氧化物反应；

(9) 知道常见的几种碱——氢氧化钠、氢氧化钙等的主要性质和用途；

(10) 认识氢氧化钠、氢氧化钙的腐蚀性及使用时的安全注意事项；

(11) 通过活动与探究，掌握碱的化学性质；

(12) 通过实验探究，了解酸、碱各自具有通性的原因。

【学习重点】

（1）常见的酸及其用途：盐酸、硫酸；

（2）酸的性质；

（3）常见的碱及其用途、性质：氢氧化钠、氢氧化钙；

（4）酸、碱各自具有相似化学性质的原因。

【学习难点】

（1）利用浓盐酸和浓硫酸的物理性质区别它们；

（2）浓盐酸和浓硫酸的保存方法及原因；

（3）酸的性质；

（4）酸、碱各自具有相似化学性质的原因和碱的性质。

一、创设情境

酸和碱在我们的日常生活中扮演着怎样的角色？它们如何影响我们的衣食住行？展示不同酸碱物质的应用实例，如醋酸用于制作调味品，柠檬酸用于食品保鲜，氢氧化钠用于制造肥皂等。在工业生产中，酸和碱是如何被利用的？它们对工业生产有何重要性？举例说明酸碱在工业中的应用，如硫酸用于石油精炼，盐酸用于金属加工，氢氧化钠用于造纸工业等。酸和碱具有腐蚀性，我们应如何安全地处理和处置它们？演示正确的酸碱存储、使用和废弃处理方法，包括个人防护装备的使用和紧急情况下的应急措施。酸和碱的不当处理会对环境造成哪些影响？我们如何减少这些影响？讨论酸碱对水体和土壤的影响，如酸雨的形成和碱溶液对土壤的破坏以及环境保护措施。我们可以在家中进行哪些简单的酸碱实验？这些实验能告诉我们什么？指导学生在家中用红卷心菜汁制作天然 pH 指示剂，测试家中不同物质的酸碱性。酸和碱对人们的健康有何影响？它们在生物体内如何起作用？探讨酸碱平衡对人体健康的重要性，如胃酸的作用和碱性食物对健康的益处。在食品加工中，酸和碱是如何被利用来改变食品特性的？举例说明酸碱在食品加工中的应用，如使用石灰水软化坚果皮，或使用柠檬酸作为防腐剂。通过以上情境创设，学生不仅能够直观地理解酸碱的性质和应用，还能培养他们的科学探究能力和创新思维。这些情境还将帮助学生将课堂知识与现实世界联系起来，增强学习的实践性和趣味性。

二、新课学习

（一）知识点 1：常见的酸和碱

学生活动：学生观看图片，思考并回答。

多媒体展示图片：食醋，如图 2-13 所示；柠檬，如图 2-14 所示；山楂，如图 2-15 所示。

图 2-13　**食醋**

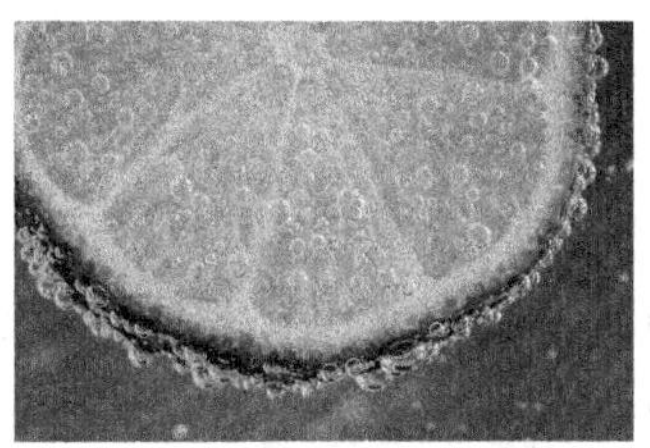

图 2-14　**柠檬**

图 2-15　**山楂**

提问：图片中的这些食物都给你留下了什么印象?

学生活动：学生回答“酸”。

讲解：像以上这些有酸味的物质通常都含有一类特殊的化合物——酸。对于酸这种物质我们并不陌生，在以往的化学实验中我们遇到了稀盐酸、稀硫酸等化学药品。无论是食物含有的酸还是实验室中常见的酸，都属于一类物质——酸。

多媒体展示图片：洗发水、洗衣液、沐浴露、香皂等洗护用品（见图 2-16）。

图 2-16　洗护用品

提问：这些日用品都给你留下了什么印象？

讲解：这些物质都含有一种碱性的物质。生活中的这些物质常含有氢氧化钙、氢氧化钠等碱性物质，在实验室中我们也会用到这些化学药品。氨水、氢氧化钠、氢氧化钙等都是常见的碱。这节课我们就来学习常见的酸和碱。

板书：常见的酸和碱。

学习评价：通过生活中常见的物质的图片，引入课题，使学生了解酸碱物质在生产生活中无处不在，兴致盎然地进入教学情境，引发对常见的酸和碱的思考。

（二）知识点 2：酸碱指示剂

引言：通过前面学习探究二氧化碳溶于水的化学反应，我们知道醋酸、碳酸溶液都能使紫色的石蕊溶液变红。紫色石蕊溶液和无色的酚酞溶液就是实验室中常用的两种酸碱指示剂。我们通过使用酸碱指示剂来判断溶液的酸碱性。

板书：酸碱指示剂。

学生活动：学生思考实验步骤及注意事项。

演示实验：向溶液中加入酸碱指示剂的实验。

学生活动：教师指导，学生实验并观察实验现象。

讲解：

（1）加紫色石蕊溶液实验现象：

①白醋：变红；

②苹果汁：变红；

③石灰水：变蓝；

④氢氧化钠溶液：变蓝。

结论：酸溶液使紫色的石蕊溶液变成红色，碱溶液使紫色的石蕊溶液变成蓝色。

（2）加无色酚酞溶液实验现象：

①白醋：不变；

②苹果汁：不变；

③石灰水：变红；

④氢氧化钠溶液：变红。

结论：酸溶液不能使无色的酚酞溶液变色，碱溶液能使无色的酚酞溶液变成红色。

总结：石蕊、酚酞溶液这样能跟酸或碱溶液起作用而显示不同颜色的试剂，叫作“酸碱指示剂”，通常也简称“指示剂”。

注意事项：

（1）酸指酸性溶液，碱指碱性溶液；

（2）酸碱指示剂与酸或碱的溶液作用时，变色的是酸碱指示剂，而不是酸或碱的溶液。

学习评价：学生实验，并通过观察讨论总结。展示时要思维清晰，表述准确。

（三）知识点3：常见的酸及其性质

引言：盐酸和硫酸是我们在实验室中经常用到的酸，另外硝酸和醋酸也是实验室中常见的酸，那么这些酸具有哪些物理性质和化学性质呢？

板书：常见的酸。

演示实验：

（1）观察盐酸、硫酸的颜色和状态；

（2）分别打开盛有盐酸、硫酸的试剂瓶的瓶盖，观察现象并闻气味（注意闻气味的正确操作）。

学生活动：学生观察实验现象并记录。

分组讨论：打开浓盐酸的瓶盖出现白雾的原因是什么？

学生活动：学生分组讨论并总结。

板书：盐酸。

总结：浓盐酸具有挥发性，浓盐酸中挥发出的氯化氢气体遇到空气中的水蒸气会生成盐酸小液滴。

多媒体播放视频：浓硫酸的吸水性。

分组讨论：浓盐酸需要密封保存，那浓硫酸为什么也要密封保存呢？

学生活动：学生分组讨论并总结。

板书：硫酸。

学生活动：学生总结酸的用途，小组汇报。

总结：浓硫酸具有吸水性，浓盐酸不具有吸水性。吸水性是物理性质。盐酸常用于金属除锈、制造含氯的药物，如生活中的洁厕灵等；人的胃液中含有盐酸用以帮助消化。硫酸也可用于金属除锈，还广泛用于生产化肥、农药、火药，冶炼金属、精炼石油等；浓硫酸具有吸水性，还可以用作实验室里的干燥剂。

讲解：在实验室、化工生产和日常生活中常见酸还有硝酸、醋酸、柠檬酸等。硝酸由于见光易分解，需存放在棕色瓶中；我们食用的食醋中含有醋酸；而柠檬、柑橘等水果中含有柠檬酸。汽车用铅蓄电池中含有硫酸。

引言：对浓硫酸的特性，还有哪些了解？

演示实验：浓硫酸腐蚀性实验。

学生活动：学生观察演示实验，了解浓硫酸的腐蚀性。

总结：这表明浓硫酸的强腐蚀性，它能夺取纸张、木材、布料甚至皮肤等由含碳、氢、氧等元素的化合物组成的物质中的水分，生成黑色的炭，我们把这一特性叫作“脱水性”。浓硫酸的强腐蚀性和脱水性是化学性质。

多媒体播放视频：黑面包实验——浓硫酸与淀粉的反应。

学生活动：学生观看实验视频并通过实验感受浓硫酸的脱水性。

注意事项：使用浓硫酸时，如果不慎将浓硫酸沾到皮肤或衣服上，应立即用大量的水冲洗，然后再涂上3%～5%的碳酸氢钠溶液。

引言：浓盐酸稀释时，可以直接加水，而浓硫酸稀释时是不可以直接加水的。你知道是为什么吗？

多媒体播放视频：浓硫酸的稀释方法。

学生活动：学生观看视频并总结浓硫酸的稀释方法。

总结：稀释浓硫酸的正确操作：将浓硫酸沿烧杯壁缓慢的注入盛有水的烧杯里，并用玻璃棒不断搅拌。

探究活动1：酸与指示剂的作用。

学生实验：在白色点滴板上分别滴有稀盐酸和稀硫酸，然后再分别滴加紫色的石蕊溶液和无色的酚酞溶液，观察并记录现象。

总结：稀盐酸和稀硫酸都能使紫色的石蕊溶液变为红色，不能使无色的酚酞溶液变色。

提问：使用点滴板做实验有哪些优点？

讲解：用点滴板做实验显色明显，节约药品，减少污染，可同时进行多个实验。

知识回顾：我们学习过哪些有酸参与的化学反应？

学生活动：学生回顾并总结。

$$CaCO_3 + 2HCl \xlongequal{} CaCl_2 + H_2O + CO_2\uparrow;$$

$$Na_2CO_3 + 2HCl \xlongequal{} 2NaCl + H_2O + CO_2\uparrow;$$

$$Zn + H_2SO_4 \xlongequal{} ZnSO_4 + H_2\uparrow;$$

$$Fe + H_2SO_4 \xlongequal{} FeSO_4 + H_2\uparrow;$$

$$Mg + 2HCl \xlongequal{} MgCl_2 + H_2\uparrow.$$

总结：酸能与活泼金属反应：在金属活动性顺序里，位于氢前面的金属能置换出盐

酸、稀硫酸中的氢。

探究活动 2：酸与金属氧化物的反应。

学生实验：酸与氧化铁的反应；酸与氧化铜的反应。

讲解：酸能与某些金属氧化物反应生成水和金属离子与酸根离子构成的化合物——盐。酸＋金属氧化物→盐＋水。

板书：酸的化学性质。

（1）酸与指示剂的作用。

（2）酸与金属的反应。

（3）酸与金属氧化物的反应。

学习评价：能掌握常见酸的化学性质以及浓硫酸的稀释，将化学知识与实际生活相结合。

（四）知识点 4：常见的碱及其性质

引言：我们已经学习了几种常见的酸，现在我们来学习几种常见的碱，氢氧化钠便是其一。另外还有氢氧化钙、氢氧化钾和氨水。那么这些碱具有哪些性质呢？

板书：常见的碱。

讲解：了解氢氧化钠的俗称和特性。

总结：氢氧化钠俗称苛性钠、火碱、烧碱，具有强腐蚀性，白色固体，易潮解。

分组讨论：在使用氢氧化钠溶液时要注意哪些问题？

注意：使用氢氧化钠时要十分小心，如不慎沾到氢氧化钠，应立即用大量水冲洗，再涂上硼酸溶液。

讲解：氢氧化钠暴露在空气中容易吸收水分，表面潮湿并逐渐溶解，这种现象叫作“潮解”，属于物理变化。氢氧化钠需要密封保存；氢氧化钠容易吸收水分，能用来做某些气体的干燥剂，如 H_2、O_2、CO、CH_4 等。

板书：氢氧化钠。

讲解：氢氧化钙的俗称是熟石灰、消石灰，也具有强腐蚀性，白色粉末状固体，微溶于水。

板书：氢氧化钙。

提问：CaO 俗称生石灰，它与熟石灰有什么区别吗？

讲解：生石灰是 CaO，熟石灰是 $Ca(OH)_2$，生石灰溶于水得到熟石灰［$CaO + H_2O = Ca(OH)_2$］，此反应会放出大量的热，在生产与生活中氧化钙可以用作食品发热包。

总结：日常生活中常用熟石灰砌砖抹墙；冬季用熟石灰粉刷树干底部用以保暖和杀灭虫卵；农业上还可以用于配制农药波尔多液、改良酸性土壤等。除此之外，常见的碱还有氢氧化钾（KOH）、氨水（$NH_3 \cdot H_2O$）等。氢氧化钾为白色固体，具强碱性及腐蚀性。氨水为无色液体，有一定的腐蚀性，易挥发，挥发出的氨气有刺激性气味。

学生实验：在白色点滴板上分别滴有氢氧化钠溶液和氢氧化钙溶液，然后再分别滴加紫色的石蕊溶液和无色的酚酞溶液，观察并记录现象。

总结：碱能使紫色的石蕊溶液变为蓝色；碱能使无色的酚酞溶液变为红色。

探究活动：碱与非金属氧化物的反应。

演示实验：氢氧化钠溶液、氢氧化钙溶液分别与二氧化碳气体的反应。

学生活动：学生观看实验并记录实验现象。

总结：碱溶液能与某些非金属氧化物反应生成盐和水。

$$Ca(OH)_2 + CO_2 = CaCO_3 \downarrow + H_2O;$$

$$2NaOH + CO_2 = Na_2CO_3 + H_2O。$$

学习评价：能通过探究活动，了解常见的碱及其性质。

(五) 知识点5：酸、碱各自具有相似化学性质的原因

引言：通过实验和讨论，我们知道盐酸、硫酸等酸有一些相似的化学性质，而氢氧化钠、氢氧化钙等碱也有一些相似的化学性质，你知道这是为什么吗?

学生活动：学生思考。

多媒体播放视频：盐酸、硫酸、氢氧化钠溶液、氢氧化钙溶液、蒸馏水和乙醇的导电性。

学生活动：学生观看实验视频，观察实验现象并记录。

分组讨论：盐酸、硫酸、氢氧化钠溶液、氢氧化钙溶液都导电，而蒸馏水、乙醇不导电，这说明了什么?

学生活动：学生分组讨论并总结。

总结：溶液导电说明了溶液中存在着自由移动的带电的离子。

提问：盐酸、硫酸等酸具有相似化学性质的原因是什么? 氢氧化钠、氢氧化钙等碱具有相似化学性质的原因又是什么?

学生活动：学生思考并回答。

讲解：事实上，盐酸、硫酸这样的酸在水溶液中都能解离出 H^+ 和酸根离子：

$$HCl = H^+ + Cl^-;$$

$$H_2SO_4 = 2H^+ + SO_4^{2-}。$$

氢氧化钠、氢氧化钙这样的碱在水溶液中都能解离出金属离子和 OH^-：

$$NaOH = Na^+ + OH^-;$$

$$Ca(OH)_2 = Ca^{2+} + 2OH^-。$$

总结：酸、碱各自具有相似化学性质的原因：酸溶液中都含有 H^+，碱溶液中都含有 OH^-。

板书：酸或碱具有相似化学性质的原因。

学习评价：通过实验探究，了解酸、碱各自具有相似化学性质的原因。

三、课堂小结

学习常见酸的性质，了解常见碱的性质及用途。酸碱各自具有相似化学性质的原因，学习酸碱指示剂的用法，酸碱各自具有相似化学性质的原因。学生不仅可以加深对常见酸碱的理解，还可以了解它们在日常生活、工业生产和环境保护中的重要作用。这些知识将帮助学生更好地应用酸碱物质并确保安全处理废弃物，同时培养学生的科学探究能力和创新思维。

教学反思

对于酸和碱，在已有的生活经验和以往的学习过程中，学生已经接触到了这两类物质，对它们已经有了零散、初步的认识。

关于酸，学生已有的认识有：家庭调味品食醋中有醋酸；在学习“能源的利用和开发”时，知道了可以用稀硫酸和锌粒反应制取氢气；在学习“金属的化学性质”时，通过实验了解到了稀盐酸和稀硫酸与镁、锌、铁等活泼金属反应的异同；而且在很多新闻报道中对浓硫酸的强腐蚀性有了或多或少的了解。

关于碱，学生已有的认识有：在学习“二氧化碳的性质”时，知道了二氧化碳能使澄清石灰水变混浊的反应原理；在学习“溶解时的吸热或放热现象”时，认识了氢氧化钠溶于水的放热现象；在学习“溶解度”时，知道了石灰水中的溶质是氢氧化钙，氢氧化钙的溶解度随温度升高而降低。这些有关酸和碱的零散知识，是学生进一步学习的基础。

通过本课题的学习学生可以更深层次地理解腐蚀性和吸水性的原理，知道浓硫酸伤人的真实原因，使学生获得学有所用的成就感，同时增强学生对新知识的渴望，从而增加学生的学习兴趣。本课题内容主要讲述常见的酸和碱。通过实验探究，学生分组讨论，探究酸碱指示剂的用法、常见酸和碱的性质以及酸、碱各自具有相似化学性质的原因，使学生更加全面立体地掌握酸、碱概念。在课堂中，鼓励学生分组讨论，各抒己见，进行分析和总结，有助于培养学生严谨认真、实事求是、善于观察的科学态度。实验探究内容较多，在课程中要更加注重与学生的互动，引导学生思考、观察和总结。

实例六　中和反应

学习要点

【学习目标】

(1) 中和反应；

（2）中和反应在实际中的应用；

（3）溶液酸碱度的表示法——pH；

（4）pH 试纸的使用方法；

（5）酸碱溶液稀释时的 pH 变化；

（6）酸碱中和过程中的 pH 变化；

（7）溶液酸碱性的重要意义。

【学习重点】

（1）中和反应；

（2）酸碱溶液稀释时的 pH 变化；

（3）酸碱中和过程中的 pH 变化。

【学习难点】

（1）中和反应；

（2）酸碱溶液稀释时的 pH 变化；

（3）酸碱中和过程中的 pH 变化。

一、创设情境

如何在实验室中演示酸和碱之间的中和反应？通过酸碱滴定实验，让学生观察指示剂颜色的变化，理解当酸和碱完全反应时，溶液 pH 达到中性，即 pH＝7。中和反应在日常生活中有哪些实际应用？展示胃酸过多时使用抗酸药的例子，解释抗酸药中的碱性物质如何中和胃酸中的盐酸，缓解胃痛。在工业生产中，中和反应如何被利用？讨论在制造肥皂过程中，如何通过中和反应使脂肪与氢氧化钠发生反应，生成肥皂和甘油。中和反应对环境有何影响？分析酸雨对湖泊的影响，以及如何通过添加碱性物质来中和湖水的酸性，保护水生生态系统。通过以上情境创设，学生不仅能够直观地理解中和反应的概念和应用，还能培养他们的科学探究能力和创新思维。这些情境还将帮助学生将课堂知识与现实世界联系起来，增强学习的实践性和趣味性。

二、新课学习

（一）知识点 1：酸和碱的中和反应

问题导入：上节课我们学习了常见的酸和碱，了解了酸和碱的性质和用途，那酸和碱可以反应吗？带着这个问题，我们开始今天的学习。

学生活动：学生思考并回答。

板书：酸和碱的中和反应。

学生实验：用两支试管分别取少量的稀盐酸和氢氧化钠溶液，一起倒入小烧杯中，搅拌，并观察现象。

学生活动：学生分组合作，教师巡回指导，注意操作要点和安全。

提问：

(1) 观察到什么现象？

(2) 据此现象能否判断盐酸和氢氧化钠溶液发生了化学反应？为什么？

(3) 如何能证明盐酸和氢氧化钠这两种物质确实发生了反应？

学生活动：学生思考并回答。

(1) 没有明显现象；

(2) 不能，没有明显现象能证明有新物质生成或原有的物质减少、消失；

(3) 用指示剂。

总结：证明无现象发生的反应确实发生了的实验设计思路。

(1) 证明反应物被消耗（HCl 或 NaOH 被消耗）；

(2) 证明有新物质生成。

提问：前面我们学习了酸和碱都能和指示剂发生化学反应而显示不同的颜色。我们能否用其与指示剂的作用，证明其被消耗呢？

多媒体播放视频：氢氧化钠溶液和稀盐酸的反应。

学生活动：学生观看实验视频并观察总结实验现象。

讲解：在氢氧化钠溶液中滴加无色酚酞试液后溶液变红色，随着滴加稀盐酸，红色逐渐消失，至溶液变为无色。

结论：上述实验证明了酸和碱能相互作用发生化学反应生成新物质。

该反应的化学方程式为：$HCl + NaOH = NaCl + H_2O$ 。

提问：能写出氢氧化钙溶液和稀盐酸反应与氢氧化钠溶液和稀硫酸反应的化学反应方程式吗？

学生活动：学生思考并回答。

(1) 氢氧化钙溶液和稀盐酸反应：$Ca(OH)_2 + 2HCl = CaCl_2 + H_2O$ ；

(2) 氢氧化钠溶液和稀硫酸反应：$2NaOH + H_2SO_4 = Na_2SO_4 + 2H_2O$ 。

讲解：这些反应的微观实质是 $H^+ + OH^- = H_2O$。人们把这类反应叫作“中和反应”，即酸和碱作用生成盐和水的化学反应。像 NaCl 、$CaCl_2$ 、Na_2SO_4 这样，由金属离子（或铵根离子）和酸根离子结合形成的一类化合物，我们称为盐。中和反应特指的是酸和碱的反应。

注意：中和反应不是基本反应类型，中和反应是放热反应。

板书：

（1）中和反应：酸和碱作用生成盐和水；

（2）盐：金属离子（或铵根离子）和酸根离子构成的化合物。

引言：中和反应在日常生活、生产中的用途很广。

板书：应用。

总结：中和反应在实际中的应用。

（1）改良土壤酸碱性。农业生产中可以利用中和反应来调节土壤的酸碱性，以利于农作物的生长。例如，人们常在酸性土壤中加入熟石灰来改良。

（2）处理工业污水。硫酸厂的污水中常含有硫酸等物质，可以用熟石灰进行中和处理：

$$H_2SO_4 + Ca(OH)_2 \xlongequal{} CaSO_4 + 2H_2O。$$

运输硫酸、盐酸等酸溶液的车辆出现事故导致酸液泄漏时，常撒上熟石灰中和。

（3）用于医药卫生。当人被蚊虫叮咬后，蚊虫会在人的皮肤内分泌出蚁酸，使叮咬处很快肿大而疼痒。如果涂一些稀的含碱性物质的溶液，就可以减少痛痒，如肥皂水、稀氨水等。人的胃液里含有适量的盐酸用来帮助消化。当人饮食过量时，胃会分泌大量的胃酸，造成胃酸过多胃部不适，此时医生常给患者服用含氢氧化铝的药物来中和过多的胃酸。反应的化学方程式是 $3HCl + Al(OH)_3 \xlongequal{} AlCl_3 + 3H_2O$。

学习评价：通过实验，进一步探究酸和碱中和反应。

（二）知识点 2：溶液酸碱度的表示法——pH

多媒体展示图片：播放常见水果图片，如图 2-17～图 2-19 所示。

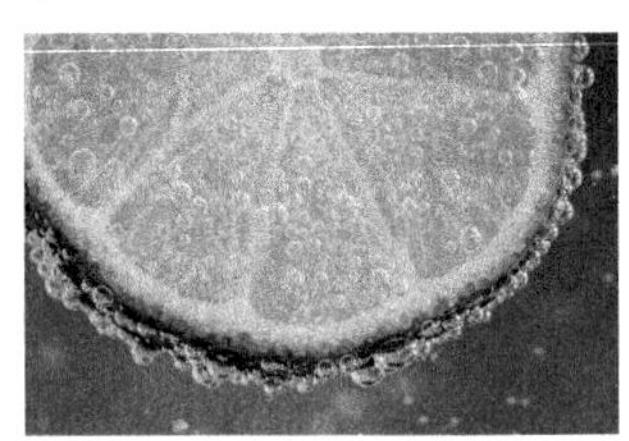

图 2-17　柠檬

图 2-18　菠萝

图 2-19　橙子

学生活动：学生观看图片。

讲解：不同水果的酸性强弱是不一样的，同样，生活中的一些碱性物质的碱性强弱也是不同的，酸碱指示剂可以测定溶液的酸碱性，但不能精确地知道溶液的酸碱性强弱程度，那怎么准确地表示溶液酸碱性的强弱呢？这节课我们来学习酸碱度的表示法。

板书：溶液酸碱度——pH。

多媒体播放视频：溶液酸碱度的表示法。

学生活动：学生观看实验视频，并总结。

总结：通过视频可知，溶液的酸碱度用 pH 表示，范围为 0～14。溶液酸碱度的表示方法如图 2-20 所示。

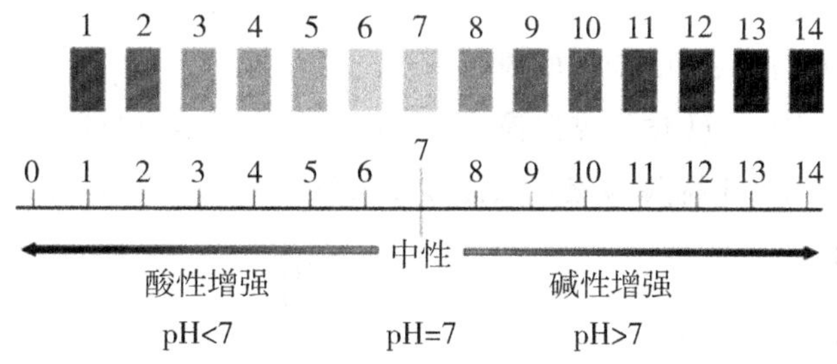

图 2-20　溶液酸碱度的表示法

(1) 酸性溶液 pH＜7，pH 越小，酸性越强；

(2) 中性溶液 pH＝7；

(3) 碱性溶液 pH＞7，pH 越大，碱性越强。

测定 pH 最简单的方法是使用 pH 试纸。

板书：酸性溶液 pH＜7，中性溶液 pH＝7，碱性溶液 pH＞7。

讲解：使用 pH 试纸测定溶液 pH 的方法。

(1) 在洁净的玻璃片或白瓷板上放一小片 pH 试纸；

(2) 用玻璃棒蘸取溶液滴到 pH 试纸上；

(3) 把试纸显示的颜色与标准比色卡比较，读出该溶液的 pH。

注意：pH 试纸不能直接插入待测溶液中（会污染药品）；pH 试纸不能用水润湿。

板书：pH 试纸的使用。

讲解：用 pH 试纸测定溶液的 pH 得到的都是一些整数值，往往不太精确，因此在要求精确度高的时候人们还常用 pH 计来测量。pH 计又叫酸度计，是用来精确测定溶液 pH 的仪器。

讲解：

酸碱中和反应中 pH 是如何变化的。以盐酸与氢氧化钠中和反应为例：$HCl + NaOH = NaCl + H_2O$。中和反应过程中溶液 pH 变化曲线图（见图 2-21）。

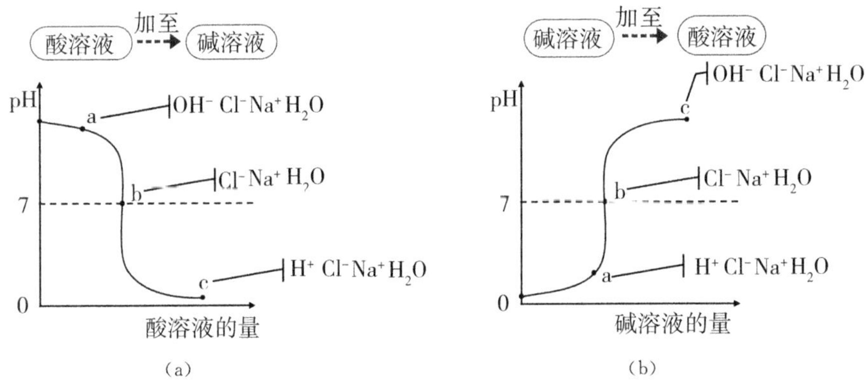

图 2-21　中和反应过程中溶液 pH 变化曲线

板书：中和反应中溶液 pH 变化曲线图。

讨论：用被水湿润的 pH 试纸测溶液 pH 会产生什么影响（见图 2-22）？

分析：被水湿润相当于稀释溶液，只能改变溶液的酸碱度，不能改变溶液酸碱性。

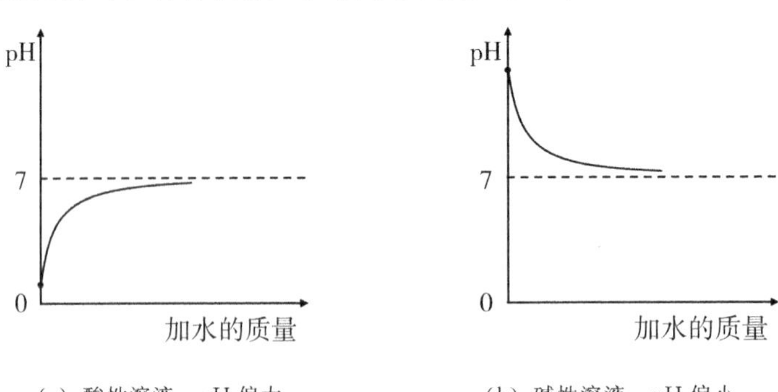

(a) 酸性溶液：pH 偏大　　(b) 碱性溶液：pH 偏小

图 2-22　用被水湿润的 pH 试纸测溶液 pH 时 pH 的变化

分组讨论：

(1) 玻璃棒不干净会怎么样？

(2) 试纸所显示的颜色应立即与标准色卡对比，为什么？

（3）在用 pH 试纸测定溶液的 pH 时，常会出现什么困惑？

学生活动：学生分组讨论并总结。

（1）会污染药品，且不准确；

（2）时间长了易变色，导致数值不准确；

（3）数值不明显、数值不精确等。

学习评价：学生能够观看图片和视频，了解不同物质的酸碱度以及表示方法。

（三）知识点 3：溶液酸碱性的重要意义

讲解：了解溶液的酸碱性对于生活、生产以及人类的生命活动具有重要的意义。

板书：溶液酸碱性的重要意义。

讲解：

（1）人的体液的 pH 必须维持在一定范围内，如果超越正常范围，会导致生理功能失调或发生疾病，甚至出现酸中毒或碱中毒；

（2）化工生产中许多反应必须在一定 pH 的溶液中才能进行；

（3）在农业生产中，农作物一般适宜在 pH 为 7 或接近 7 的土壤中生长；

（4）测定雨水的 pH，可以了解空气的污染情况。正常雨水的 pH≈5.6，但某些酸性气体未经处理排放到空气中，可导致降雨酸性增强。我们把 pH<5.6 的降雨称为酸雨。酸雨对农作物、建筑、树木等不利，会造成损害。

学习评价：学生能够总结溶液酸碱性的重要意义。

三、课堂小结

了解中和反应的原理及其在实际生产、生活中的应用，知道 pH 值和 pH 试纸的使用方法，明白溶液酸碱性的意义。通过学习学生不仅加深了对中和反应的理解，还了解了它在多个领域内的应用。这些知识将帮助学生更好地应用中和反应并确保安全处理废弃物，同时培养学生的科学探究能力和创新思维。

教学反思

初三的学生正处于求知欲和好奇心旺盛的阶段，学生更愿意去完成一些富有挑战性的事情，来获得更多的成就感。学生接触的化学变化一般伴随有明显的现象，他们习惯于根据现象判断反应的发生，而对于中和反应的学习，许多酸碱溶液混合后因为没有明显的现象发生，学生对中和反应能否发生可能会抱有疑惑，这是本节课需要解决的难点，也正是探究活动的切入点。

通过本节课的学习，学生可以从离子角度初步理解中和反应发生的原理，掌握中和反应的实质，为高中化学中学习酸、酸性氧化物、酸式盐与碱、碱性氧化物、碱式盐、正盐等物质的性质以及“离子反应”打下良好的基础。

由于学生已经有了一定的分析推理能力，所以中和反应在生活中的应用，主要由教师引导，学生自学来完成。这样做可以激发学生的兴趣，培养学生的学习能力和创造能力，使学生养成认真严谨、实事求是的科学态度。本节课内容为酸碱中和反应，学生不仅要掌握酸碱中和反应的概念、pH 试纸的使用以及溶液酸碱度在实际中的应用，更要通过分析举一反三，循序渐进地学习，这样可以培养学生严谨认真、实事求是、迎难而上的科学精神。学生本身又处于求知欲望强烈阶段，学生自主探究，参与其中，可以满足其对化学的好奇心与兴趣，增加学生学习化学的信心。在今后的学习中，要更多地让学生自主参与课堂的教学，培养学生严谨认真的态度和观察总结的能力。

参考文献

[1] 金陵．翻转课堂与微课程教学法［M］．北京：北京师范大学出版社，2015.

[2] 王祖浩．化学案例教学论［M］．合肥：安徽教育出版社，2014.

[3] 刘知新．化学教学论［M］．2 版．北京：高等教育出版社，1995.

[4] 任红艳，程萍，李广洲．化学教学论实验［M］．3 版．北京：科学出版社，2015.

[5] 梁慧姝，郑长龙．化学实验论［M］．南宁：广西教育出版社，1996.

[6] 何少华，毕华林．化学课程论［M］．南宁：广西教育出版社，1996.

[7] 刘知新，王祖浩．化学教学系统论［M］．南宁：广西教育出版社，1996.

[8] 杨建春．初中化学教学建议［M］．南京：南京师范大学出版社，2010.

项目三　面向低年级学生开设科学探究校本课程的实践与反思

为了让初一学生更好地了解物质的变化现象，培养学生的科学素养和探究能力，笔者所在学校开设了一门面向初一学生的校本课程——物质的变化。本课程旨在通过生动有趣的实验和实践活动，引导学生观察、探究物质的变化规律，培养学生的动手能力和实践能力。初一学生的年龄在12—13岁，正处于青春期的初期，生理和心理都在发生很大的变化。学生已经具备一定的小学科学知识，对物质的基本概念和性质有一定的了解，但对物质的变化过程和原理尚不清晰；对新鲜事物充满好奇，喜欢探索未知的世界，对科学探究有浓厚的兴趣。学生的观察能力、思考能力和动手能力有待提高，需要通过实践操作来培养这些能力。学生对物质的变化感兴趣，但缺乏系统的理论知识和实践经验，需要通过校本课程的学习来加深对物质变化的理解。在学习过程中容易出现注意力不集中、思维跳跃等问题，教师需要在教学过程中注重激发学生的学习兴趣，引导学生进行深入思考。学生的实验操作能力较弱，教师需要通过实验教学来培养学生的动手能力和实践能力。学生在课堂讨论和合作学习中表现出较强的团队协作精神，需要充分发挥学生的主体作用，提高学生的自主学习能力。因此，教师要采用生动有趣的教学方法，激发学生的学习兴趣，引导学生主动参与课堂活动；结合学生的实际情况，设计适合学生的实验项目，培养学生的实验操作能力和实践能力；注重培养学生的观察能力、思考能力和表达能力，引导学生进行深入思考和讨论；鼓励学生进行小组合作学习，培养学生的团队协作精神和自主学习能力。

一、课程目标及教学内容

（一）课程目标

让学生了解物质的变化现象，掌握物质变化的基本概念和分类；培养学生的观察力和实验操作能力，激发学生对科学的兴趣和探究欲望。培养学生的团队协作能力和沟通能力，提高学生的实践能力和创新意识。通过实验活动，激发学生对化学科学的兴趣和好奇心，让他们感受到化学的魅力和学习化学的乐趣。帮助学生形成基本的化学概念和知识库，如物质的分类、性质、变化等，为后续学习打下基础。培养学生的观察力和记录能力，让他们学会如何准确描述实验现象，记录实验数据。“物质的变化”课程目标具体表现如下。

1. 实验技能

教授学生基本的实验操作技能，如使用实验器材、测量、混合化学物质、安全规则等。

2. 科学探究

引导学生学习科学探究的基本步骤，包括提出问题、设计实验、进行实验、分析数据和得出结论。

3. 批判性思维

通过实验探究，培养学生的批判性思维能力，学会分析和解决实验中遇到的问题。

4. 合作与交流

鼓励学生在小组合作中相互交流思想，共同解决问题，培养其团队协作精神和沟通能力。

5. 安全意识

强调实验室安全规则的重要性，教育学生遵守安全操作规程，预防事故发生。

6. 环境意识

培养学生的环境保护意识，使其了解化学物质对环境的影响，学习如何减少实验对环境的负面影响。

7. 创新精神

鼓励学生在实验探究中发挥创造性，让他们尝试新的实验方法，培养其创新思维和解决问题的能力。

通过这些课程目标，低年级学生不仅能够获得化学知识，还能够培养科学素养和综合实践能力，为将来的学习和生活打下坚实的基础。

（二）教学内容

“物质的变化”课程的教程内容主要包含以下几方面。

1. 物质的分类

让学生了解如何根据物质的性质和状态（如固体、液体、气体等）进行分类。

2. 物质的性质

探讨物质的颜色、气味、密度、溶解性等基本性质。

3. 物质的变化

区分物理变化和化学变化，通过实验观察物质状态的变化。

4. 测量与计量

学习使用基本的测量工具，如量筒、天平、温度计等，进行简单的测量和计量。

5. 混合与分离

探究不同物质的混合过程以及如何分离混合后的物质。

6. 酸碱性

通过 pH 值的概念，介绍酸性和碱性物质，包括用 pH 试纸或酸碱指示剂进行实验。

7. 空气的组成

通过实验探究空气中的氧气、二氧化碳等成分。

8. 沉淀反应

观察不同溶液混合时可能产生的沉淀反应。

9. 燃烧与灭火

探讨燃烧的条件和过程以及如何通过不同的方法来熄灭火焰。

10. 颜色变化

进行一些涉及颜色变化的实验，如红卷心菜 pH 指示剂实验，让学生观察不同 pH 值下的颜色变化。

11. 密度实验

通过糖水和盐水的密度比较，让学生理解密度的概念。

12. 气体的收集

介绍如何收集和储存气体，如通过水置换法收集氢气。

13. 环境化学

讨论化学物质对环境的影响，以及如何减少化学污染。

14. 化学的应用

介绍化学在日常生活中的应用，如食物、清洁剂、塑料等，让学生了解化学的实用性。

在设计教学内容时，教师应确保实验活动既安全又适合学生的年龄和能力水平。此外，教师还应该鼓励学生积极参与，通过动手操作来加深对化学概念的理解。

二、课程引入

面向低年级学生开设化学实验探究课时，课程引入是一个重要的环节，它能够激发学生的兴趣，为后续的学习打下良好基础。课程引入主要有以下几种方式。

（一）故事讲述

使用与化学相关的故事或寓言来吸引学生的注意力，如讲述著名化学家的故事，如居里夫人、爱因斯坦等，或者构造一个关于化学魔法的有趣故事。

（二）联系日常生活中的应用

通过展示化学在日常生活中的应用，如食品加工、清洁剂的使用、植物的生长等，让学生认识到化学的普遍性和实用性。

（三）视觉刺激

使用鲜艳的颜色变化反应、发光反应或者有趣的化学反应视频来吸引学生的视觉注意力，并激发他们的好奇心。

（四）互动游戏

设计一些简单的化学相关的游戏或竞赛，如化学词汇接龙、化学谜题等，让学生在游

戏中学习化学知识。

（五）提问引导

提出一些简单但引人深思的问题，如“为什么天空是蓝色的?”或“为什么切菜时洋葱会让我们流泪?”来激发学生的思考和探索欲望。

（六）实验演示

在课程一开始就进行一个简单的实验演示，如彩色的化学反应或产生气体的反应，让学生对即将进行的实验充满期待。

（七）角色扮演

让学生扮演科学家或化学侦探，解决一个虚构的科学问题，这样可以提高他们的参与感和培养他们的探索精神。

（八）科学魔术

表演一些安全的化学“魔术”，如无色液体变色、“自动”生长的气球等，让学生惊奇于化学的神奇。

（九）主题讨论

设置一个与化学相关的主题，如环境保护、可持续发展等，让学生讨论化学与这些主题的关系。

（十）实物展示

展示一些日常生活中不常见的化学物质或仪器，如稀有矿石、实验室仪器等，加强学生对化学的认识。

（十一）通过生活实例引入

教师可以引导学生观察生活中的物质变化现象，如水的沸腾、冰的融化、食物的变质等，让学生感受到物质变化的存在。

（十二）通过问题引导

教师可以提出一些与物质变化相关的问题，如“为什么铁钉在氧气中燃烧会生成铁锈?”“为什么水加热后会变成水蒸气?”等，激发学生的思考和好奇心。

(十三) 通过实验演示

教师可以设计一些简单的实验，如将红砖放入水中，观察红砖的颜色逐渐变浅的过程；将糖放入水中，观察糖逐渐溶解的过程等，让学生直观地感受到物质的变化。教师还可以设计一系列关于物质变化的实验，让学生亲手操作，观察实验现象，记录实验数据。

无论选择哪种引入方式，都应该确保内容适合低年级学生的认知水平，并且能够安全地进行。引入活动应该简短有趣，能够快速吸引学生的注意力，并为后续的学习活动奠定基础。通过讲解物质变化的概念，引导学生思考物质变化的种类和特点。

三、课堂实验的开展

面向低年级学生开展化学实验探究课时，需要特别关注学生的安全、兴趣激发、理论与实践结合、分组合作、引导探究、实验记录、使用日常材料、环保意识、家长持续参与等方面。

(一) 安全第一

在开始任何化学实验之前，教师应该对学生进行实验安全教育，包括正确使用实验器材、遵守实验室规则、正确处理化学药品以及急救措施等。安排学生使用安全眼镜、实验服、手套等个人防护装备，并确保学生知道如何正确使用它们。实验室应该配备急救箱、灭火器和清洁用品。在实验前讲解实验安全规则，并确保学生遵守。

面向低年级学生开设化学实验探究课时，需要设计既安全又有教育意义的实验活动。这些实验可以帮助学生理解基本的化学概念、培养科学探究能力和激发他们对化学学科的兴趣。确保实验材料和操作对学生是安全的，使用非有毒、非腐蚀性的物质，并确保学生在教师指导下进行实验。

(二) 激发兴趣

选择适合低年级学生的简单且能够引起学生兴趣的实验，确保实验材料安全无害，如使用食用添加剂、自然色素、家用材料等。可以使用颜色变化、气泡产生、温度变化等直观的现象来吸引学生的注意力。将实验过程设计成游戏形式，如“化学魔术”“猜猜我是谁”等，激发学生的学习兴趣。选择与学生日常生活相关的实验主题，如研究食物中的化学成分、家用清洁剂的化学成分等，这样更容易引起学生的兴趣。选择的实验需要具有实践性和探究性等特点。

实践性：鼓励学生通过动手实验来验证理论知识，比如通过制作小火山来了解化学反应，通过制作自己的溶液来学习溶解度等。

探究性：设计开放性的实验问题，让学生自己提出假设，设计实验来验证自己的想

法，并通过观察和记录数据来得出结论。鼓励学生利用已有的知识和技能，创新设计新的实验，这样可以培养学生的创新思维和解决问题的能力。

（三）实践与理论结合

在实验前，先向学生介绍相关的理论知识，让他们了解实验的目的和预期结果。在实验后，引导学生讨论观察到的现象，并与理论知识相联系。

（四）分组合作

鼓励学生分组合作进行实验，这样可以促进团队合作，同时也能让学生的学习能力在交流中得以提高。

（五）引导探究

提出问题让学生思考，鼓励他们自己提出假设，设计实验来验证自己的想法。这种方式可以提高学生的科学探究能力和培养其批判性思维。

（六）实验记录

指导学生如何记录实验过程和结果，包括使用实验日志或实验报告的形式。这有助于他们学会如何记录实验数据和分析实验结果。

（七）使用日常材料

利用学生熟悉的日常材料进行实验，如醋、小苏打、食用色素等，这样既经济又容易引起学生的兴趣。

（八）环保意识

教育学生在实验过程中要注意环境保护，如减少废物产生、学会正确处理化学废弃物等。

（九）家长参与

鼓励家长参与学生的学校实验学习，可以通过家长会等形式让家长了解学生在学校的学习情况，甚至可以组织家庭化学实验活动。

（十）持续兴趣

定期更换实验内容，避免重复和枯燥，同时可以设置科学角落或展览室，展示学生的实验成果，激发他们持续的探索兴趣。

（十一）与其他学科相结合

将化学实验与其他学科如数学、物理、生物等结合起来，让学生了解化学在不同领域的应用。通过实验向学生传授环保知识，如不同材料的可降解性、减少化学物质污染的方法等。利用现代科技工具，如数字化实验设备、计算机模拟软件等，提高实验的精确性和趣味性。鼓励学生在班级或学校科学展览会上展示自己的实验成果，通过交流和讨论，提高学生的沟通能力和自信心。有效地提升化学实验探究课的教育效果，使学生在实践中学习化学，培养科学素养和综合能力。

通过这些方法，教师可以有效地为低年级学生开设化学实验探究课，帮助他们形成化学概念，培养实验技能和化学探究精神。

四、实验分析

引导学生根据实验结果，分析实验现象，归纳总结物质变化的特点。物质变化的特点可以从物理变化和化学变化两方面来理解。物理变化是没有新物质生成的变化。物理性质是物质不需要发生化学变化就表现出来的性质，如颜色、气味、状态、熔点、沸点、硬度、密度、溶解性、导电性等。物态变化属于物理变化的一种，包括熔化、凝固、汽化、液化、升华、凝华等过程。

而化学变化是有新物质生成的变化。化学性质则涉及物质在化学反应中表现出的性质，如可燃性、稳定性、氧化性、还原性、酸碱性等。化学变化的基本特征是有其他物质生成，常表现为颜色改变、放出气体、生成沉淀等，有时候还伴随着能量的变化，有的反应放出热量，有的反应吸收热量，有的反应发出白光等。

实验教学通过动手实践的方式，能够激发学生的好奇心和探索欲，使学习过程变得更加生动有趣。这种亲身体验的过程往往能够在学生心中留下深刻印象，从而增强他们对科学原理和知识的理解和记忆。通过实验操作，学生可以将理论知识应用于实践中，加深对课堂所学知识的理解。在实验过程中遇到的问题和挑战，需要学生动手解决，这有助于培养他们的问题解决能力和实际操作技能。实验教学鼓励学生进行探索性学习，通过实验设计、数据分析等活动，学生可以学会如何提出问题、如何设计方案以及如何进行科学探索，这些都是创新精神和创新能力的重要组成部分。实验操作往往需要团队合作完成，在这个过程中，学生可以学习到如何在团队中沟通、协作和分工。这些技能对于他们未来的职业生涯都是非常宝贵的。

五、拓展应用

结合实际生活中的物质变化现象，让学生了解物质变化的实际应用。

（一）烹饪

在烹饪过程中，食材会发生物理和化学变化。例如，当食物被加热时，其中的水分会蒸发，食物的质地和口感也会发生变化，同时，食物中的蛋白质、糖类等成分也会发生化学反应，产生新的香味和口感。在烹饪过程中，食物会发生许多物理和化学变化。例如，当面包发酵时，酵母会使面团中的糖分解成二氧化碳和酒精，产生的气泡使面团膨胀；煮鸡蛋时，鸡蛋中的蛋白质会凝固，这是因为加热使得蛋白质发生了化学反应。

（二）清洁

许多清洁剂是通过改变污渍的化学性质来清洁物体的。例如，酸性清洁剂可以溶解碱性污渍，而碱性清洁剂则可以溶解酸性污渍。

（三）医疗

药物的作用机制通常是通过改变人体内的化学反应来实现的。例如，抗生素杀死细菌是通过干扰细菌的生长和繁殖过程来实现的。

（四）能源

许多能源的生产和使用都涉及物质的变化。例如，燃烧石油或煤炭会产生热量和光，这是通过燃料中的碳和氢与氧气发生的化学反应实现的。

（五）农业

农业生产中也经常需要利用物质变化的知识。例如，农民会使用化肥来改善土壤的肥力，这是因为化肥中的氮、磷、钾等元素会通过化学反应转化为植物可以吸收的形式。

（六）金属加工

金属加工过程都需要利用到物质的变化。例如，焊接时需要将两种金属加热到它们的熔点，然后将它们融合在一起后，冷却形成坚固的结构。

六、课堂总结

面向低年级学生开设的化学实验探究课旨在通过动手实践激发学生的科学兴趣，培养他们的观察能力、实验操作能力和科学思维。在课程开始前，教师应强调实验室安全规则，包括正确穿戴实验服、使用护目镜和手套以及了解应急处理措施。在进行实验之前，教师需要向学生简单介绍相关的化学概念和原理，让学生理解实验的目的和预期结果。学生在教师的指导下进行实验操作，包括准确量取试剂、使用实验器材、记录观察数据等。

鼓励学生仔细观察实验现象，并记录下颜色变化、温度变化、沉淀形成等观察到的细节。引导学生分析实验结果，讨论实验现象背后的化学原理。教师提出问题，鼓励学生思考并参与讨论，如何改进实验方法，或者实验中可能出现的问题及其原因等。要求学生撰写简单的实验报告，包括实验目的、步骤、观察结果和结论。教师对学生的实验操作、观察记录和报告撰写给予反馈，评价学生的表现，并指出改进的方向。通过实验探究活动，让学生体验科学探索的乐趣，激发他们对化学乃至更广泛科学领域的兴趣。将化学实验与数学、物理等其他学科知识联系起来，帮助学生建立综合的科学知识体系。

巩固学生对物质变化的认识。物质性质是指物质在特定条件下表现出来的性质，包括物理性质和化学性质。物质性质可以分为物理性质和化学性质。物质变化是指物质在外界条件作用下，其组成、结构、性质发生变化的过程。物质变化可以分为物理变化和化学变化两类。

物理性质：物质在不发生化学反应的情况下表现出的性质，如颜色、形状、密度、熔点、沸点等。化学性质：物质在一定条件下与其他物质发生化学反应时表现出的性质，如氧化性、还原性、酸碱性等。

物理变化：物质的组成和结构没有发生变化，只是发生了形态、状态、颜色等表面现象的变化。物理变化实例：水的三态变化（固态、液态、气态），磁铁磁性的变化等。化学变化：物质的组成和结构发生了变化，生成了新的物质。化学变化实例：铁生锈，硫黄燃烧，酸碱中和反应等。

教学方法采用启发式教学法，引导学生自主观察、思考和探究物质的变化现象。通过实验教学法，让学生亲自动手进行实验操作，培养学生的实践能力。采用小组合作学习法，鼓励学生在小组内进行讨论、交流和合作，培养学生的团队协作能力和沟通能力。通过案例分析法，让学生了解物质变化的实际应用，增强学生的创新意识。

七、课堂反思

在“物质的变化”的课堂中，学生学习了物质变化的概念、物理变化与化学变化的区别、物理性质与化学性质的概念以及物质变化的实例等内容。通过这些知识的学习，学生对物质变化与性质有了更深入的了解，为今后的学习打下了基础。以下是笔者对本次课堂的一些反思。

（一）学生对物质变化的理解还不够深刻

虽然学生已经学习了物质变化的概念和分类，但在实际应用中，还需要进一步加深对物质变化的理解，学会运用所学知识解决实际问题。

（二）学生实验操作能力有待提高

在课堂实验环节，学生在操作过程中还存在一些不足，如操作不熟练、观察不仔细等。这些问题需要学生在课后多加练习，提高实验操作能力。

（三）学生对物质性质的认识不够全面

在学习物质性质的过程中，学生可能只关注了一些表面现象，而忽略了物质性质的本质。在今后的学习中，学生需要从多角度、多层次去认识物质的性质，提高自己的综合素质。

（四）学生的学习方法有待改进

在课堂学习过程中，学生可能过于依赖教师的讲解，缺乏主动思考和探究。在今后的学习中，需要培养学生的自主学习能力，引导他们学会自主提问、思考和解决问题。

（五）课堂互动不够充分

在本次教学中，没有充分发挥课堂互动的作用，导致课堂氛围较为沉闷。在今后的教学中，需要鼓励学生积极参与课堂讨论，提高课堂的活跃度。

总之，通过本次物质的变化课堂学习，学生收获了很多知识，但同时也暴露出一些问题。在今后的学习中，需要不断反思、总结经验，努力提高学生的学习能力和综合素质。

实例一　镁条在空气中的燃烧

镁是一种活泼的金属，可以与空气中的氧气发生剧烈的氧化反应，生成氧化镁和大量的热量。镁在空气中燃烧的实验是一个典型的化学反应演示实验。

实验材料、用品和器材：镁条、酒精灯、火柴、镊子、试管架、试管夹、试管、砂纸、安全眼镜。

准备工作：将实验室整理干净，确保实验环境安全。检查实验器材是否齐全，准备好酒精灯、火柴等实验用品。

实验步骤：用砂纸打磨镁条的表面，去除表面的氧化膜，以便于燃烧。将干净的试管放在试管架上，用试管夹固定。戴上安全眼镜，用火柴点燃酒精灯。用坩埚钳夹住镁条的一端，将其伸入酒精灯火焰中加热。注意观察镁条的变化。当镁条开始燃烧时，迅速将其放入试管中。观察镁条燃烧时产生的耀眼的白光和颜色变化。观察试管内壁是否有白色物质生成。这是由于镁燃烧产生的氧化镁会附着在试管内壁上。实验结束后，熄灭酒精灯，清理实验器材。

实验现象和原理：镁条在酒精灯火焰中加热时，会发出耀眼的白光。镁条燃烧时产生大量的热量，使周围的空气变得炽热。镁条燃烧时产生白色的烟，这是因为镁燃烧产生的氧化镁呈白色。

注意事项：

（1）需要取一段长约10厘米的镁条，并用细砂纸把表面的灰色氧化膜擦净，直至露出银白色的金属光泽。

（2）该反应是放热反应，即在反应过程中会释放热量，这也是为什么能够观察到明显的发光和感受到高温的原因。由于反应会产生高温和强光，实验时需要采取适当的安全措施，如佩戴安全眼镜、保持室内通风等。

总结：这个实验不仅向学生展示了一个生动的化学反应过程，还有助于理解化学物质与氧气之间的燃烧反应以及氧化还原反应的基本概念。通过这个简单的实验，可以直观地了解物质的燃烧性和相关的化学变化，加深对化学反应式及其现象的理解。同时，它也强调了实验操作的规范化和安全意识的重要性。

实例二　水在加热过程中的变化

水是一种常见的物质，它在加热过程中会发生相变。当水温逐渐升高时，水分子的运动速度加快，分子间的相互作用力减弱，最终导致水的状态发生变化。

实验材料、用品和器材：水、烧杯、温度计、火柴、酒精灯。

准备工作：将实验室整理干净，确保实验环境安全。检查实验器材是否齐全，准备好烧杯、温度计、酒精灯等实验用品。

实验步骤：将烧杯放在桌子上，用温度计测量烧杯中水的初始温度，并记录下来。戴上安全眼镜，用火柴点燃酒精灯。将烧杯中的水放在酒精灯火焰上加热。注意观察水的变化。每隔一段时间（如1分钟），用温度计测量烧杯中水的温度，并记录下来。当水温达到100℃时，继续加热，观察水的状态变化。实验结束后，熄灭酒精灯，清理实验器材。

实验现象和原理：当水温达到100℃时，水开始沸腾，产生大量气泡。这是由于水分子受热膨胀，形成的气泡从水中逸出。当水温继续升高时，水的状态从液态变为气态，即水蒸气。此时，烧杯中的水已经完全蒸发。

注意事项：实验时需要采取适当的安全措施，如佩戴安全眼镜、保持室内通风等。

在常温下水以液态形式存在。当开始给水加热时，水的温度会逐渐上升。这一阶段，水吸收热量，但温度上升并不伴随任何外观上的变化。随着温度的持续升高，当水温接近90℃时，水开始出现小气泡，这些是水中溶解的空气和其他气体释放出来所致。当水的温度达到沸点（在标准大气压下约为100℃），水开始沸腾。这时，会观察到剧烈的汽化现象，大量的气泡在水中上升、变大，并最终导致水面破裂，释放出水蒸气到空气中。尽

管加热继续进行，但水的温度在沸腾过程中保持不变，这是因为水在沸腾时吸收的热量是潜热，用于改变水分子状态，而不是用于提高温度。如果继续加热，水会不断地蒸发，直到全部转变为水蒸气。水蒸气是一种无色无味的气体，可以在空气中扩散。水的沸点还与大气压有关，气压越高，水的沸点越高。例如，使用高压锅可以提升水的沸点，从而缩短烹饪时间。

总结： 这个实验不仅展示了物质状态的改变，也涉及了能量转换和物理性质的变化，是科学教育中的一个重要实验。

实例三　二氧化碳与澄清石灰水的反应

二氧化碳与澄清石灰水的反应主要分为两个阶段。初始反应阶段：当二氧化碳首次通入澄清石灰水时，会观察到石灰水变混浊，因为生成了碳酸钙（$CaCO_3$）的沉淀。过量二氧化碳阶段：如果继续通入过量的二氧化碳，已经形成的碳酸钙会与更多的二氧化碳和水反应形成可溶于水的碳酸氢钙，使石灰水重新变清。

实验材料、用品和器材： 氢氧化钙［$Ca(OH)_2$］溶液，也就是澄清石灰水，以及二氧化碳气体。

实验步骤： 将澄清石灰水倒入一个烧杯中，通过导管向烧杯中的石灰水里通入二氧化碳气体，观察石灰水的变化情况。

实验现象和原理：

（1）初次反应：当二氧化碳被通入澄清石灰水中时，会观察到溶液变混浊，这是因为形成了碳酸钙（$CaCO_3$）的沉淀。

（2）过量二氧化碳：继续通入二氧化碳，会观察到原本混浊的溶液重新变得澄清，这是因为过量的二氧化碳与碳酸钙反应，生成了可溶于水的碳酸氢钙［$Ca(HCO_3)_2$］。

注意事项： 在实验过程中要确保通风情况良好，因为二氧化碳比空气重，容易在低处积聚。使用的石灰水应该是新鲜的澄清溶液，以确保实验效果明显。在向石灰水中通入二氧化碳时，应注意控制气体的流量，避免过快导致溶液溅出。实验结束后，应妥善处理所有化学物品，尤其是二氧化碳，因为它在空间中积聚可能会造成呼吸问题。

总结： 这个实验是化学教育中非常经典的演示实验之一，它展示了酸碱反应和气体的收集检验方法。通过这个实验，学生可以直观地理解二氧化碳的性质以及它与碱的反应过程。这个实验不仅展示了化学反应过程，也是一个很好的示例用于说明如何通过持续改变反应物的量来驱动反应向不同方向进行。

实例四　植物光合作用中的物质变化

光合作用是绿色植物利用光能将二氧化碳和水合成富能有机物并释放氧气的生物化学过程。这一过程主要发生在植物叶绿体的类囊体膜上，并在叶绿体基质中继续进行碳同化反应。以下是光合作用中的主要物质变化。

光反应阶段。在叶绿体的类囊体膜上，光能被叶绿素和其他光合色素吸收，促使水分子分解成氢离子（H^+）、电子（e^-）和氧气（O_2）。同时，通过一系列复杂的化学反应，光能被转换成活跃的化学能，即ATP（三磷酸腺苷）和NADPH（还原型烟酰胺腺嘌呤二核苷酸磷酸）。

暗反应阶段。在叶绿体基质中，利用光反应产生的ATP和NADPH的能量，将二氧化碳固定并通过一系列酶促反应，最终合成糖类等有机物。这个过程被称为“碳同化”，其中最著名的是卡尔文循环。被称为“暗反应”的原因是这个过程不依赖光照，可以在黑暗条件下进行。

能量转换。在整个过程中，光能首先转化为电能，随后转换为ATP和NADPH中的活跃化学能，最终转化成稳定的化学能储存于形成的糖类等有机化合物中。

产物多样性。光合作用的产物不仅是糖类，还包括其他如蛋白质和脂肪等多样化的有机物质。这些产物为植物提供能量和构建细胞结构的原料。

实验材料、用品和器材：一片绿叶、一些碘酒、一个透明塑料袋、一个烧杯和一些水。

实验步骤：将绿叶放在透明塑料袋中，并在其中加入一些水。确保叶片完全浸入水中。将袋子密封好，并将袋子放在阳光充足的地方，如阳台或窗台。等待几个小时后，将袋子中的液体取出一部分，并滴在一张白纸上。将碘酒滴在纸面上。

实验现象和原理：如果绿叶进行了光合作用，那么纸面上会出现蓝色反应。这是因为绿叶在光合作用过程中产生了淀粉，而碘酒可以检测到淀粉的存在。

让学生观察并记录实验结果。如果他们发现纸面上出现了蓝色反应，说明绿叶在光的作用下制造了有机物——淀粉。

讨论：最后，通过讨论和总结，引导学生认识到光照是绿色植物进行光合作用不可缺少的条件。此外，还可以借此机会培养学生的科学探究能力。

注意事项：应选择健康、颜色鲜绿的植物叶片，因为这样的叶片含有较多的叶绿素，有助于实验结果的观察。同时，确保所有实验器材如烧杯等都是干净且消毒的，避免污染实验结果。需要严格按照实验步骤进行操作，在操作过程中要小心谨慎，以免破坏叶片细胞结构，影响实验结果。由于光合作用的速率会受到温度、光强和二氧化碳浓度等环境因素的影响，因此在进行实验时应尽量控制这些变量，以便更准确地模拟植物的自然生长环

境。实验过程中要详细记录观察到的现象，以便于后续分析和讨论。

总结：植物光合作用中的物质变化实验具有重要的科学和教育意义，它有助于我们理解光合作用的基本原理和生命过程中的能量转换。光合作用是地球上最大规模的化学反应之一，它不仅为绿色植物自身提供了能量和有机物，还释放出氧气，维持了地球上生物的生存环境。通过光合作用实验，可以直观地观察到植物如何利用光能将无机物（二氧化碳和水）转化为有机物（糖类等），并产生氧气。这个过程在叶绿体中进行，叶绿体是绿色植物进行光合作用的关键场所。通过实验可以深入了解光合作用的具体步骤，包括光反应和暗反应以及在这个过程中涉及的物质变化和能量转换。光合作用实验有助于提高人们对植物在生态系统中作用的认识，尤其是它们在调节大气中的二氧化碳和氧气水平方面的重要性。实验可以帮助学生形成科学的思维方式，培养他们观察、分析和解决问题的能力。了解光合作用对提高农作物产量、优化种植结构和改善农业生态环境都有重要意义。总的来说，植物光合作用中的物质变化实验不仅是生物学教学的重要组成部分，而且对于科学研究、环境保护和农业生产等领域都具有深远的影响。通过这样的实验，我们可以更好地理解自然界中的生命现象以及人类活动对自然界的影响。

实例五　胆矾的研磨

通过观察和分析胆矾研磨过程中的变化，了解胆矾的性质和物理变化。胆矾的研磨实验是一个观察物理变化的实验。这个实验通常在中学化学课程中进行，主要目的是让学生观察到物质状态的变化。

实验材料、用品和器材：胆矾晶体、研钵和研杵、玻璃棒、滤纸、漏斗、蒸馏水、试管、试管架、酒精灯、火柴。

准备工作：将实验室整理干净，确保实验环境安全。检查实验器材是否齐全，准备好胆矾晶体、研钵和研杵、玻璃棒、滤纸、漏斗、蒸馏水、试管、试管架、酒精灯和火柴等实验用品。

实验步骤：将胆矾晶体放入研钵中，加入适量的蒸馏水，用研杵轻轻研磨胆矾晶体，使其充分溶解。注意不要用力过猛，以免损坏研钵和研杵。将研磨好的胆矾溶液倒入漏斗中，过滤掉未溶解的胆矾晶体。将过滤后的溶液收集在试管中。将试管放在试管架上，用火柴点燃酒精灯，加热试管中的胆矾溶液。注意观察胆矾溶液在加热过程中的变化。当胆矾溶液受热时，会逐渐变混浊，并产生气泡。这是由于胆矾溶液中的水分蒸发，使胆矾结晶析出。继续加热，胆矾结晶会越来越多，直至溶液完全变混浊。当胆矾溶液完全变混浊后，熄灭酒精灯，让试管自然冷却。观察冷却后的胆矾结晶，记录其颜色、形状和大小等特点。实验结束后，清理实验器材，将废液倒入废液缸中。

实验现象和原理：胆矾晶体在研磨过程中逐渐溶解，形成无色透明的溶液。冷却后，胆矾溶液中的水分蒸发，使胆矾结晶析出。结晶呈蓝色透明状，形状多样，有柱状、针状等。

注意事项：在实验过程中，需要将块状的胆矾放入研钵中使用研杵研磨成细小粉末。操作时应该小心谨慎，避免研磨过程中的胆矾粉末飞溅到眼睛或皮肤上造成刺激。同时，如果实验中涉及加热胆矾，那么还需要注意使用铁架台、酒精灯、泥三角和石棉网等器材，并确保在加热完成后将坩埚放在安全的地方冷却。此外，实验前后保持实验环境的清洁也是十分必要的，这包括对使用过的研钵和研杵进行适当的清洗和干燥。

总结：胆矾的研磨实验的意义在于帮助学生理解物理变化与化学变化的区别，并且掌握一些基本的实验操作技能。通过观察胆矾从块状固体变为细小粉末的过程，学生可以直观地认识到物质状态的改变，这是一种物理变化，因为该过程中没有新物质的生成。这种实验不仅能够加深学生对于科学概念的理解，还能够培养学生动手实践的能力。同时，胆矾的研磨也是后续许多化学反应实验的前置步骤，例如，研磨后的胆矾更容易溶解于水，便于进一步的化学实验观察和分析。总之，胆矾的研磨实验是初中化学教学中的一个基础而重要的部分，它不仅有助于学生认识物理变化的特点，还为学习更复杂的化学知识打下了坚实的基础。

实例六　硫酸铜溶液与氢氧化钠溶液的反应

硫酸铜溶液与氢氧化钠溶液反应会生成氢氧化铜沉淀和硫酸钠溶液。这个化学反应是一个典型的复分解反应，其中硫酸铜和氢氧化钠在溶液中交换成分，生成了新的化合物氢氧化铜和硫酸钠。

反应类型：复分解反应。硫酸铜是白色或灰白色粉末，水溶液呈弱酸性，显蓝色；氢氧化钠是无色的，且通常以溶液的形式存在。在实验操作中，当将这两种溶液混合时，可以观察到溶液颜色的变化以及沉淀的生成。具体来说，如果硫酸铜过量，溶液可能呈现蓝色；而如果是氢氧化钠过量，则溶液可能变为无色。同时，会看到蓝色的氢氧化铜沉淀物形成。此外，氢氧化铜是一种具有多种用途的物质，如用作媒染剂、催化剂、杀菌剂等。

实验材料和器材：硫酸铜溶液、氢氧化钠溶液、试管、滴管、搅拌棒或玻璃棒。

实验步骤：分别配制好硫酸铜溶液和各种浓度的氢氧化钠溶液，然后选取一个试管并加入一些硫酸铜溶液，接下来缓慢地向试管中滴加氢氧化钠溶液，并密切观察发生的变化。

实验现象和原理：随着氢氧化钠溶液的加入，溶液的颜色会逐渐从蓝色变为无色，同时沉淀出蓝色的氢氧化铜固体。当观察到反应终止或出现明显变化时，记录下所有的观察结果。

注意事项：进行硫酸铜与氢氧化钠反应的实验时，应当注重实验操作的准确性和安全

性。确保硫酸铜和氢氧化钠的用量适当，避免过量可能导致的其他复杂化学反应。实验中溶液颜色的变化是重要的观察指标，可以提示反应的进行情况。由蓝色变为深绿色通常表明氢氧化铜沉淀开始形成。反应生成的氢氧化铜沉淀可通过过滤等方法分离出来，以便于后续的处理或分析。

总结：这个实验的意义在于帮助学生学习和理解酸碱中和反应的概念以及沉淀的形成过程。通过此实验，学生能够掌握基本的化学实验技能，如准确测量、滴定、观察和记录实验现象等。同时，该实验还能加深学生对离子反应及其产物的理解，培养其科学探索和实验操作的能力。硫酸铜与氢氧化钠的反应不仅是一个典型的化学教学实验，而且对于学习酸碱中和反应和沉淀形成的基本原理有着重要的教育意义。

参考文献

[1] 郑长龙．化学实验课程与教学论［M］．北京：高等教育出版社，2009.

[2] 吴俊明．中学化学实验研究导论［M］．南京：江苏教育出版社，1997.

[3] 任红艳，程萍，李广洲．化学教学论实验［M］．3 版．北京：科学出版社，2015.

[4] 梁慧姝，郑长龙．化学实验论［M］．南宁：广西教育出版社，1996.

[5] 金陵．翻转课堂与微课程教学法［M］．北京：北京师范大学出版社，2015.

[6] 王云生．课堂转型与学科核心素养培养：中学化学课堂教学改革探索［M］．上海：上海教育出版社，2016.

[7] 麦克马斯．科学教育中的科学本质：理论和策略［M］．李广洲，刘前树，译．桂林：广西师范大学出版社，2014.

项目四　中考试题中实验探究题的突破训练实践总结

在新中考模式下，实验探究题的教学与训练确实需要教师采取新的策略，以帮助学生更好地适应这种变化，需要强调学科间知识的融合与学科内知识的整合。

一、引导学生多层次、多角度思考、解决问题

在复习过程中，要引导学生从化学知识的多层次、信息材料的多角度去思考问题、解决问题。这样学生在面对实验探究题时，才能更全面地理解问题，提出更有价值的假设。熟练掌握基本的实验技能至关重要，因此需要加强实验教学，让学生在实践中掌握实验技能，理解实验原理。同时，还可以设计一些与中考实验探究题相似的实验，让学生在实践中体验探究过程，提高解题能力。

二、培养自主探究能力

自主探究能力的培养也是非常重要的。教师可以鼓励学生立足教材，放眼课外，发现问题、提出问题，并提炼出有价值的探究性问题。然后可以组织学生进行小组合作，按照科学探究的流程进行实验探究。这样学生不仅能掌握基本知识，还能学会实验探究的基本方法，提高复习效率。在训练过程中，教师还需要精选一些针对性较强的习题，加强对实验探究题的有效训练。在选择习题时，可以从实验探究题的题型入手，选择探究物质的组成与性质、探究反应条件和速率、探究反应规律和原理等方面的习题。同时，教师还需要注重培养学生的审题能力和解题思维，让学生在审题和答题过程中更加得心应手。

三、关注学生的心理变化

教师还需要关注学生的心理变化，给予他们足够的支持和鼓励。面对新中考模式的挑战，学生可能会感到压力增大、信心不足。因此，教师需要及时关注学生的情绪变化，帮助他们端正学习态度，增强自信心和应对挑战的勇气。实验探究题的教学与训练需要教师采取多种策略，从知识融合、实验技能培养、自主探究、有效训练和心理支持等方面入手，帮助学生更好地适应这种变化，取得优异的成绩。

四、掌握新中考实验探究题的命题类型

新中考试题中实验探究题的命题类型主要考查学生是否能运用科学方法进行实验探究，包括实验操作技能题、科学知识应用题、实验安全意识题、数据分析能力题、实验报告撰写题以及创新思维能力题等。例如，要求学生设计一个实验来探究植物生长的影响因素，或者设计一个实验来验证某个定律。

（一）实验操作技能题

实验操作技能题考查学生是否掌握基本的实验操作技能，如使用实验仪器、测量和记录数据等。

（二）科学知识应用题

科学知识应用题考查学生是否能将所学的科学知识应用到实验探究中，解释实验现象，理解科学原理。例如，要求学生解释为什么水能熄灭火焰。

（三）实验安全意识题

实验安全意识题考查学生是否了解实验的安全规则，能否在实验过程中做到安全操作。例如，要求学生在实验中使用化学药品时，要注意防止化学药品溅出伤人。

（四）数据分析能力题

数据分析能力题考查学生是否能通过对实验数据的处理和分析，得出科学的结论。例如，要求学生根据实验数据绘制图表，然后通过分析图表来得出结论。

（五）实验报告撰写题

实验报告撰写题考查学生是否能根据实验结果，撰写出清晰、完整的实验报告。例如，要求学生写出实验的目的、步骤、结果和结论，以及实验过程中遇到的问题和解决方法。

（六）创新思维能力题

创新思维能力题考查学生是否能在实验探究中发挥创新思维，提出新的实验设想或改进方案。例如，要求学生设计一个新的实验来验证某个假设，或者提出一个改进现有实验的方法。

总的来说，新中考试题中的实验探究题旨在考查学生的科学探究能力和实践操作能力，同时也注重培养学生的科学素养和创新思维。命题人往往会创设一个真实的实验探究情景，让学生跟随研究者的脚步边探究边答题。此类题目对学生的理解力和逻辑思维能力的要求是很高的。在教学复习过程中，教师要带领学生有目的地突破这类题目，通过典型例题的讲解和训练，从而达到提高学生思维能力和解题能力的目的。

五、实验探究题的突破教学训练

实验探究题的突破教学训练，旨在提升学生的科学探究能力、实验操作能力和创新思维能力。具体可以采用以下几种方法。

（一）加强基础知识教学

确保学生掌握相关的理论知识，这是进行科学探究的基础。通过实例讲解理论与实验之间的联系。

（二）培养学生的观察力和思考力

鼓励学生在日常生活中主动观察和提问，培养好奇心和探索精神。开展讨论和思维训练，提高学生的逻辑推理能力。

（三）强化实验操作能力

安排丰富的实验课程，让学生亲自动手操作，熟悉各种实验器材的使用。教授学生正确的实验方法和步骤，包括实验设计、数据记录、结果分析等。

（四）提升数据分析和处理能力

教授学生如何准确记录实验数据，如何使用图表等形式表达实验结果，以及练习对实验数据的分析和解读，学会从数据中提炼结论。

（五）开展科学探究活动

组织科学小实验、科技创新竞赛等活动，激发学生的探究兴趣和创新意识。

六、模拟训练与真题演练

理解实验探究题的评价标准，分析历年中考实验探究题的类型和特点，通过模拟训练与真题演练来提高学生的科学探究能力。定期进行模拟实验操作考核，让学生适应考试环境和压力。利用历年中考真题进行有针对性的训练，熟悉考试题型和答题技巧。对每次实验和模拟考进行详细反馈，指出不足并给出改进建议。鼓励学生总结经验教训，不断优化自己的学习方法和实验技能。

【例 1】2024 年 3 月 21 日下午 1 时许，合肥交警高速六大队在巡逻时发现，芜合高速合肥往芜湖方向离巢湖服务区约 1 km 处，有一辆停在应急车道上的大货车自燃。大队立即安排警力前往现场，同时通知消防和施救。据了解，大货车拉的货物为纸板类物品，给扑救工作带来难度。

请结合上述材料回答下列问题。

(1) 下列有关火灾现场相关描述属于化学变化的是________。

A. 火场周围弥漫着刺鼻的气味

B. 客车内物品燃烧放出热量将玻璃熔化

C. 救助人员迅速向火区喷水，发现有大量白气产生

D. 部分乘客头发和衣物被烧焦

(2) 下列产品在生产过程中没有涉及化学变化的是________。

A. 用煤生产化肥和农药　　B. 用石油炼制汽油

C. 用食盐制取氯气　　D. 用铁矿石炼铁

(3) 汽车所用的燃料是汽油，请用“物理性质”“化学性质”“化学变化”“物理变化”“化学现象”填空。

①汽油是一种无色、液体，易挥发。________

②汽油中主要含有碳、氢元素，能在空气中燃烧。________

③点燃汽油，在火焰上方罩一个干而冷的烧杯，过一会儿，烧杯内壁出现水珠。________

④实验表明，汽油燃烧后产生了水蒸气和二氧化碳。________

(4) 试设计不同的方案，区别水与汽油，简述操作方法和判别依据。

方法一：________________；

方法二：________________。

(5) 化学科学的发展极大地推动了人类社会的进步，同时也带来了一些负面影响，请你结合题给材料举例说明：________________________。

【答案】(1) D。(2) B。(3) ①物理性质；②化学性质；③化学现象；④化学变化。(4) 方法一：闻气味的方法，有气味的是汽油，没有气味的是水；方法二：点燃法，能燃

烧的是汽油，不能燃烧的是水（其他合理答案也可）。(5) 汽油这种化学产品的特点是易燃烧并放出热量，常用作车用燃料，促进了交通事业发展，但如果存放或使用不当，极易引发火灾或爆炸。

【解析】第（1）题中化学变化特征是有新物质生成，衣物、头发等燃烧产生了新的物质。第（2）题中石油是由汽油、煤油、柴油等多种物质组成的混合物，根据它们沸点不同，采用加热分馏方法将它们分离，这一过程没有新物质生成。第（3）题中描述物质性质时，常出现“可以”“易”“能”等判断词或直接用“具有××性”的形式；物理变化是一个动态的过程，是其物理性质的表现形式，题①中叙述的颜色状态、挥发性等都属于物理性质。物质在发生化学变化时表现出来的性质叫作“化学性质”，如可燃性；烧杯内壁出现水珠是化学现象；产生了二氧化碳和水是化学变化。第（4）题中根据生活经验和物质的性质进行区分，从物理性质角度抓住两者气味或密度的不同来鉴别；从化学性质角度抓住汽油易燃烧而水不具有可燃性的特点进行鉴别。第（5）题答案不唯一，可以以易燃易爆物品——汽油为例，从化学物质的利与弊两方面思考作答。

【例 2】化学兴趣小组的小军同学点燃一支蜡烛，然后用烧杯罩住，过一会儿蜡烛会熄灭。这是为什么呢？小军同学又进行如下探究。

[提出问题] 蜡烛燃烧时间的长短与蜡烛的长度有关系吗？

[建立假设] 假设蜡烛燃烧的时间与蜡烛的长度成正比。

[收集证据] 点燃两支长度不同的蜡烛，将两只同样大小的烧杯分别倒扣在燃烧的蜡烛上，用秒表计时，重复实验四次，分别记录实验数据如表 4-1 所示。

表 4-1　实验记录

实验次数	蜡烛燃烧的时间（s）	
	长蜡烛	短蜡烛
第一次	23.18	26.06
第二次	23.19	24.94
第三次	20.02	21.45
第四次	15.16	19.10

[获得结论] 根据表格中的数据，可以看出在同样大小的倒扣的烧杯中，较长的蜡烛燃烧时间较短，得出结论：____________________________。

[交流评价] 为什么蜡烛燃烧的时间与蜡烛的长度不成正比呢？

____。

[答案] [获得结论] 蜡烛燃烧时间与蜡烛长度不成正比

[交流评价] 可能是燃烧产生的二氧化碳温度较高，密度较小，不易沉降到烧杯底部，反而聚集到烧杯的上部致使长蜡烛先熄灭。

【解析】由表4-1提供的数据不难得出，蜡烛燃烧的时间与蜡烛长度不成正比；原因是燃烧产生的二氧化碳温度较高，密度较小，不易沉降到烧杯底部，反而聚集到烧杯的上部致使长蜡烛先熄灭。以下是影响蜡烛燃烧时间的几个因素。①烛芯的粗细：烛芯越粗，燃烧时吸收的蜡越多，因此蜡烛燃烧的速度会越快。②烛芯的长度：烛芯暴露在外的长度也会影响燃烧速度。一般来说，烛芯越长，火焰越大，消耗的蜡也就越快。③蜡烛的直径：直径较大的蜡烛通常有较粗的烛芯，单位时间内消耗的蜡液更多，因此燃烧时间可能会更短。④蜡烛的成分：不同的蜡质（如石蜡、大豆蜡、蜂蜡等）有不同的燃烧特性，这也会影响燃烧时间。⑤氧气供应：充足的氧气可以促进燃烧，如果蜡烛被放置在通风不良的环境中，燃烧速度可能会减慢。⑥环境温度：温度较高的环境可能会导致蜡烛燃烧得更快。由于这些因素的影响，即使两支蜡烛的长度相同，它们的燃烧时间也可能不同。因此，不能简单地认为蜡烛的长度决定了其燃烧时间。在实际应用中，如果想要延长蜡烛的燃烧时间，可以选择细芯的蜡烛，并确保其在通风良好的环境中使用。

【例3】(1) 请结合所学化学知识指出错误操作引起的后果（见图4-1）：

A. 倾倒稀盐酸；

B. 点燃酒精灯；

C. 给蓝矾晶体加热；

D. 加入纯碱粉末。

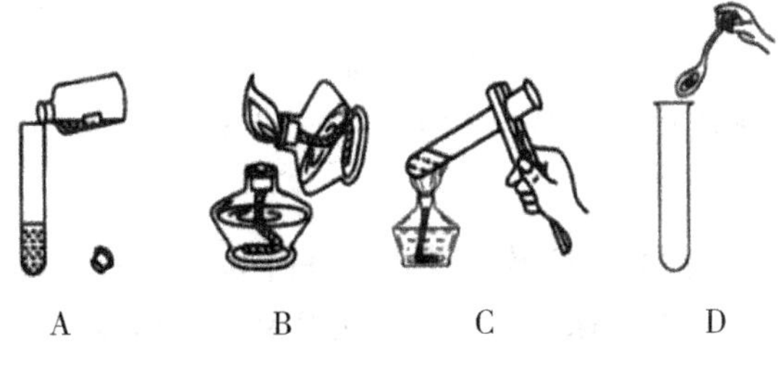

图4-1　例3图

(2) 家住灵宝市的王先生带儿子到灵宝市第一人民医院看病，取药的时候工作人员竟然弄错了药品，把“头孢曲松钠”取成了“头孢唑林钠”，导致患儿死亡。以此为鉴，我们在做化学实验时，应注意什么？否则可能会造成什么后果？

【答案】(1) A. 桌面被腐蚀，试剂被污染；B. 酒精洒到桌面上燃烧起来；C. 由于试管碰到的是灯芯，可能引起试管炸裂；D. 药品沾到试管壁上。(2) 实验时要认真核对药品标签，以免取错药品；实验时严格按操作规程进行实验。可能造成的后果：实验失败，发生事故。

【解析】解题的关键是熟悉常见基本操作要领，知道错误操作会导致不良后果，认识正确操作的重要性，同时避免安全事故发生。

【例 4】 据新华网报道，我国是电池生产和使用大国。我国目前对废电池的环境管理基本上处于空白，每年报废的上百亿只废电池大部分随意丢弃，对生态环境和公众健康构成了潜在的威胁。请你就“防止废电池对环境的危害”问题提出一个课题研究的初步设想。

（1）如图 4-2 所示干电池剖面图，请你推测锌筒、铜帽、碳棒等都具有______性质。

（2）你主要想解决什么具体问题？

（3）简要说明你如何进行这项课题研究。

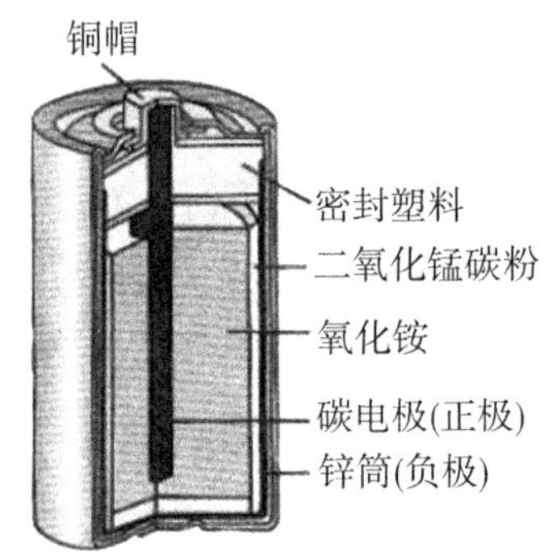

图 4-2　干电池剖面

【答案】（1）导电。（2）废电池产生污染的原因，或电池的结构及组成，或我国废电池处理的现状，或社区废电池回收的情况调查，或废电池的回收和利用等。（3）实验方案、调查方案、访谈计划等。

【解析】（1）联系生活实际推知金属、碳棒都具有良好的导电性。（2）解题时要注意提出与主题相关的要解决的问题或课题。（3）解题时要结合课题制订相关的研究方案。

【例 5】 据腾讯网报道，北京拟将大气污染事件纳入法律援助范围。北京市司法局法律援助工作处负责人表示：“当前，国家倡导低碳、环保，随着今后社会的发展，因大气污染、噪声污染等问题引发的相关民生问题可能会逐步进入法律援助范畴，特别是要加大工厂废气、汽车尾气的整治力度。”

（1）某日，北京市出现罕见的浮尘天气。环境监测中心报告，当天空气污染指数为 270～290，首要污染物为可吸入颗粒物。依据表 4-2 判断，北京市空气质量状况属于________。

表 4-2　空气污染指数范围及相应的空气质量级别

空气污染指数（API）	0～50	51～100	101～200	201～300	＞301
空气质量状况	Ⅰ（优）	Ⅱ（良）	Ⅲ（轻度污染）	Ⅳ（中度污染）	Ⅴ（重度污染）

A. 优　　B. 良　　C. 轻度污染　　D. 中度污染

(2) 目前，大多数汽车使用的燃料是汽油或柴油，它们燃烧时产生的一些有害物质排放到空气中，会造成空气污染。请你提出可减少汽车尾气污染空气的3项措施：

____

____

【答案】(1) D。(2) 使用无铅汽油；改变发动机结构，使汽油、柴油完全燃烧；尾气经净化处理后排放等。

【解析】解答问题 (1) 可将“天空气污染指数为270～290”与题给表格中的数据进行对照，即可得出正确结论。

【例6】带火星的木条在氧气中可以复燃。那么，是不是只有纯净的氧气才能使带火星的木条复燃呢？为此，同学们开展了相关探究实验。

实验主要步骤如下：先制取一定量的氧气备用，再测得集气瓶实际容积为317 mL，然后采用某种方法得到5瓶含氧量不同的空气，最后用带火星的木条来试验，观察是否复燃。相关的数据如表4-3所示。

表4-3　带火星的木条复燃测试数据

集气瓶编号	瓶内预装水体积/mL	充入氧气体积/mL	瓶内空气体积/mL	瓶内空气里氧气体积的百分比/%	木条能否复燃
1	120	120	197	50.9	能
2	97	97	220	______	能
3	90	90	227	43.4	能
4	84	84	233	41.9	能
5	81	81	236	41.2	不能

(1) 请指出得到5瓶含氧量不同的空气的具体方法______________________________。

(2) 试将上表空白处补充完整（保留1位小数）。

(3) 由该实验可得到的结论是______________________________。

【答案】(1) 在集气瓶里预先加入一定体积的水，再用排水法收集氧气。(2) 45.2。(3) 当空气中氧气所占体积比达到41.9%以上时，才能使带火星的木条复燃。

【解析】以编号1为例，可在瓶内预装120 mL水，然后再用排水法进行收集即可。应注意瓶内氧气体积为充入的氧气体积与空气中氧气体积之和，如2号集气瓶中氧气的体积百分比为：(97＋220×21%)÷317×100%＝45.2%；通过此实验可知，氧气浓度为任意值时，带火星木条并不是都能复燃，瓶内空气中氧气的体积百分比至少要在41.9%以上才行。

【例7】由实验测知：取3.5 g $KMnO_4$ 晶体加热到220 ℃，分解放出的氧气多于按下式计算的理论量。

$$2KMnO_4 \xlongequal{\triangle} K_2MnO_4 + MnO_2 + O_2\uparrow$$

按上式计算的理论量为放出氧气 0.354 g，换算成标准状况下的体积为 248 mL，而实际测得的氧气为 308 mL（标准状况），超过理论量为：308 mL－248 mL＝60 mL。试回答（提示：MnO_2 不溶于水）：

（1）怎样用实验证明：超理论量的氧气不是来自 MnO_2？

____

____

（2）怎样用实验证明超理论量的氧气是由 K_2MnO_4 分解产生的？（要求用 $KMnO_4$ 制取氧气后的残渣实验，如图 4-3 所示）

____

____

（3）怎样从“最后残渣”中分离出 MnO_2？

____

____

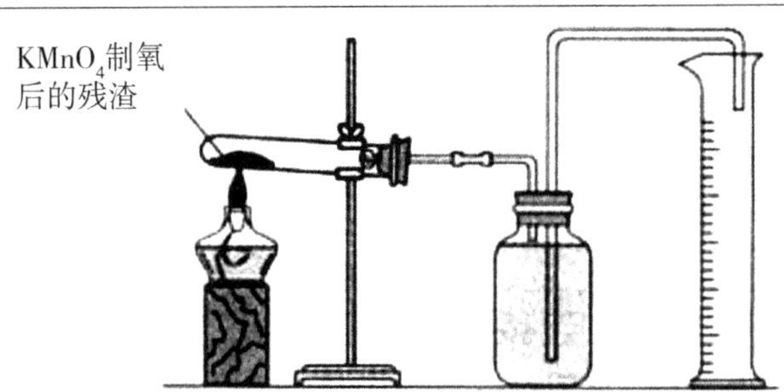

图 4-3　检验 K_2MnO_4 是否分解产生氧气的实验

【答案】（1）另取少量 MnO_2，在酒精灯火焰上加热，插入带火星的木条，木条不复燃。（2）用酒精灯火焰集中加热“残渣”，又收集到一定体积的氧气。（3）将“最后残渣”加入适量的水溶解、过滤，即可分离出 MnO_2。

【解析】（1）确定二氧化锰是否分解放出氧气，应单独加热二氧化锰，并用带火星木条检验是否放出氧气。

（2）验证锰酸钾能否分解出氧气，应继续加热反应后的残渣，发现还能收集到一定体积的氧气。

（3）反应后的残渣中二氧化锰不溶于水，其余固体溶于水，故可用加水溶解，然后用过滤的方法分离出二氧化锰。

【例 8】某市热电厂使用的燃料是含硫较多的煤。该厂附近一所中学的同学经常闻到空气有异味，且空气能见度差。学校研究性学习小组意识到这有可能是该厂排出的废气超标造成的，于是在老师的指导下做了探究实验。

[提出问题] 空气里二氧化硫（SO_2）是否超标呢？

[查阅资料] Ⅰ. 我国关于 SO_2 在风景区、居民区、工厂区的空气质量标准如表4-4所示。

表 4-4　SO_2 在风景区、居民区、工厂区的空气质量标准

地区	风景区	居民区	工厂区
SO_2 浓度限值（mg/m^3）	0.15	0.50	0.70

Ⅱ. 二氧化硫能与氢氧化钠（NaOH）反应生成亚硫酸钠（Na_2SO_3）；硫酸钠（Na_2SO_4）能与氯化钡（$BaCl_2$）反应生成硫酸钡，硫酸钡既不溶于水，也不溶于酸（如不与稀盐酸、稀硝酸等反应）。

Ⅲ. 二氧化碳能与氢氧化钠反应，生成碳酸钠，生成碳酸钠能与氯化钡反应生成碳酸钡沉淀（碳酸钡能与稀盐酸、稀硝酸等反应）。

[设计实验] 同学设计以下步骤来测定空气中 SO_2 的含量。

(1) 采集工厂附近的空气样品 250 L。

(2) 将空气样品通过 NaOH 溶液，加入一定量氧化剂过氧化氢（H_2O_2），使其中亚硫酸钠（Na_2SO_3）完全转化为硫酸钠（Na_2SO_4）。

(3) 再加入过量的氯化钡（$BaCl_2$）溶液，经过过滤、洗涤、烘干，称量固体质量为1.2 mg。

计算：250 L 空气样品中 SO_2 的质量为 0.33 mg。由空气质量标准可得出结论：该厂排放的 SO_2 ________（填“超标”或“不超标”）。

(4) 简述采集空气样品的方法。

[发现新问题] 考虑到空气中的各种气体成分，有同学认为该实验测得的 SO_2 的含量偏大。其依据及你提出的实验改进方案是____。

[反思与应用] 为尽快改善该地区的空气质量，请你提出一条合理化建议：____。

【答案】[设计实验] (3) 超标。(4) 用注射器抽取空气样品，并通入瘪塑料袋内，然后扎紧塑料袋（或将集气瓶装满水盖上玻璃片，拿到热电厂附近将水倒掉，并擦干集气瓶，盖上玻璃片等）。

[发现新问题] 空气中的二氧化碳也要和氢氧化钠溶液反应，并继续与 $BaCl_2$ 溶液反应，生成碳酸钡沉淀。向沉淀中加入过量的稀硝酸后，再进行其余操作。

[反思与应用] 工厂废气进行治理，达标后再排放。

【解析】 要抓住“查阅资料”提供信息，空气中含有CO_2，也能与氢氧化钠反应生成碳酸钠，同时生成的碳酸钠能与氯化钡反应生成碳酸钡沉淀；除去碳酸钡需要用稀盐酸或稀硝酸。

【例 9】 资料一：据报道，某日贵州桐梓一家工厂超标排放氯气致 106 名小学生中毒。市县两级环保部门对遵宝钛业周边厂界及元田小学三个监测点进行环境监测，空气中检出氯化氢、氯气。

资料二：2023 年，北京市 PM2.5 年均浓度为 32 微克/立方米，实现连续 3 年稳定达标；PM2.5 优良天数占比达 9 成，PM2.5 最长连续优良天数为 192 天，比 2022 年增加了 20 天，相较 2013 年的 13 天，更是由不到半个月增加到了超过半年，“北京蓝”已成为常态。

请结合上述材料回答下列问题。

(1) 下列气体不会对空气造成污染的是______。

A. CO　　B. SO_2　　C. Cl_2　　D. N_2

(2) 下列情况不会增加空气中 PM2.5 的是________。

A. 汽车排放尾气

B. 秸秆焚烧还田

C. 工厂排放的废弃

D. 植树造林，严禁乱砍滥伐森林

(3) 仔细观察图 4-4 所示的一幅漫画，从保护环境的角度提出一条合理化建议：____。

图 4-4　我的心愿

【答案】 (1) D。(2) D。(3) 工厂排放废弃净化处理后排放（或提倡工厂使用新能源等）。

【解析】 问题 (1)：对空气有污染的气体应该是有毒或有害的气体，而空气中含量最多的气体是氮气，氮气是一种无毒、无害的气体，它不属于空气污染物。问题 (2)：植树造林可以吸收空气中的有害气体和可吸入颗粒物，达到净化空气的目的。问题 (3)：仔细

推敲图意可知，此幅图片表示了工厂废气任意排放对空气的危害，然后结合污染产生的原因提出环境保护的建议。

【例 10】“用微观的眼光看世界”是我们学习化学的重要思想方法。试根据以下材料，结合你所学过的知识，简要回答问题。

材料一：一滴水里大约有 15 万亿亿个水分子，如果 10 亿人来数一滴水里的水分子，每人每分钟数 100 个，日夜不停，需要数 3 万多年才能完成。

材料二：近代著名化学家道尔顿在著作中说“一切物质都是由数量巨大的，极微小的粒子（原子）构成，这些粒子间通过引力相互结合，我们不能创造原子，不能分裂原子，我们能实现的变化，无非是把原先结合在一起的原子分开，或原先分开的原子结合起来”。

（1）材料一说明____。

（2）有人对道尔顿观点做了如下修正，你认为其中正确的是__________________。

①“一切物质”应该为“有的物质”；

②“变化”只指“化学变化”而不能指其他变化；

③不能“创造”或“分裂”原子应指明不能用化学变化的方法“创造”或“分裂”原子。

A. ①②　　　　B. ①③　　　　C. ②③　　　　D. ①②③

【答案】（1）分子很小（体积和质量都很小），但真实存在。（2）D。

【解析】原子只是构成物质的一种粒子，此外还有分子、离子等；分子分成原子、原子重新组成新物质分子，这是化学变化的实质；而物理变化只是分子间距离发生变化，分子本身不变；原子是化学变化中最小的粒子，化学反应只是原子间的重新组合，原子不会被“分裂”或“创造”。

【例 11】人们为揭示原子结构的奥秘，经历了漫长的探究过程。1897 年汤姆生发现电子并提出类似“西瓜”的原子模型。1911 年卢瑟福等人为探索原子的内部结构又进行了下面的实验。

用一束带正电的、质量比电子大得多的高速运动的 α 粒子轰击金箔，发现：①大多数 α 粒子能穿透金箔而不改变原来的运动方向；②一小部分 α 粒子改变了原来的运动方向；③有极少数 α 粒子被弹了回来。

请你根据对原子结构的认识，分析出现上述现象的原因：

（1）现象①：____。

（2）现象②：____。

（3）现象③：____。

【答案】（1）原子核很小，原子内部有很大的空间。（2）原子核带正电，α 粒子途经金原子核附近时，受到斥力而改变了运动方向。（3）金原子核质量比 α 粒子大得多，α 粒子碰撞到金原子核时被弹了回来。

【解析】当用带正电荷的 α 粒子轰击金箔时，大多数 α 粒子能穿透金箔，而且不改变原来的前进方向，说明原子内部有很大的空间，原子并不是一个实心球体；这样 α 粒子由于没有受到阻碍，所以不改变原来的前进方向；一小部分 α 粒子改变了原来的运动路径，说明带正电的 α 粒子受到同种电荷的排斥，改变了方向，说明金的原子核带正电。极少数 α 粒子好像碰到了坚硬不可穿透的质点而被弹回，说明了带正电的 α 粒子可能撞击到带正电荷的原子核而被弹回，说明金原子核质量比 α 粒子大得多。

【例 12】 1977 年 8 月，国际化学会无机化学分会做出一项决议：从 104 号元素以后，不再以人名、国名来命名，一律以新元素的原子序数（核电荷数）的拉丁文缩写来命名，即 nil——0，un——1，bi——2，tri——3，quad——4，pent——5，hex——6，sept——7，dct——8，enn——9。照此规定，第 104 号元素的拉丁文名称按“un＋nil＋quad＋ium（词缀）”应为“Unnilquadium”，其元素符号定为“Unq”；第 105 号元素的拉丁文名称为“Unnilpentium”，元素符号为“Unp”。依次类推，请分别给下列元素命名：

（1）109 号元素拉丁文名称为________，元素符号为________。

（2）111 号元素拉丁文名称为________，元素符号为________。

（3）116 号元素拉丁文名称为________，元素符号为________。

【答案】（1）Unnilennium，Une。（2）Unununium，Unu。（3）Ununhexium，Unh。

【解析】 解答本题的关键在于根据题给信息中对 104 号以后元素的命名方法，依据所命名的元素的原子序数，对元素的名称进行组合搭配。如 109 号元素，un——1、nil——0、enn——9、ium（词缀），所以其名称为 Unnilennium，元素符号为前三个词的第一个字母组合在一起，即 Une。111 号、116 号元素的命名方法依此类推。

【例 13】 据报道，国家食品药品监督管理局表示，综合国内外监测、评估结果，认为使用西布曲明可能增加严重心血管风险，减肥治疗的风险大于效益，决定在我国停止生产、销售和使用西布曲明制剂和原料药，已上市药品由生产企业负责召回销毁。据悉，此次被叫停的产品包括曲美、澳曲轻、可秀等多个减肥药品牌。

国家食品药品监督管理局表示，综合国内外监测评估结果标明：西布曲明（化学式 $C_{17}H_{29}NOCl_2$）是一种白色结晶粉末，易溶于甲醇，熔点 193.0～195.0 ℃，能燃烧。它还是中枢神经抑制剂，具有兴奋、抑食等作用，服用它有可能具有血压升高、心率加快、厌食、失眠、肝功能异常等严重副作用。

（1）归纳出西布曲明物理性质________；化学性质________。

（2）根据西布曲明化学式分析计算。

①西布曲明相对分子质量为________；

②西布曲明 C、H、O 元素的质量比为________；

③市场常见盐酸西布曲明为胶囊剂（见图 4-5），每粒中含有西布曲明 10 mg，若某一减肥患者每天服两粒西布曲明，则她每天从减肥药中摄入体内氯元素质量为________mg（计算结果保留一位小数）。

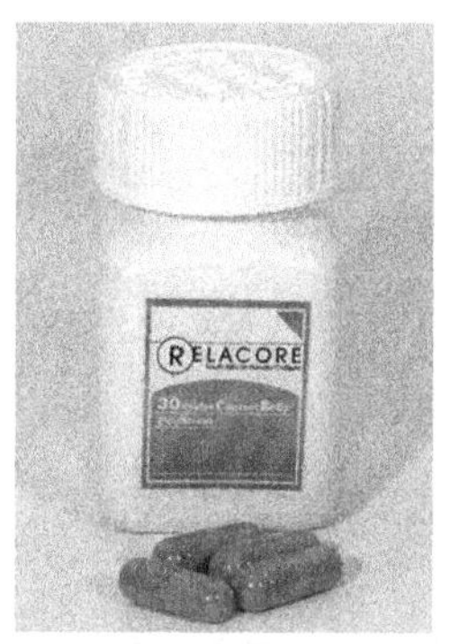

图 4-5　西布曲明胶囊

【答案】(1) 白色结晶粉末，易溶于甲醇，熔点 193～195 ℃；能燃烧。(2) ①334；②204∶29∶16；③4.3。

【解析】物质不需要通过化学变化就能表现出来性质是物理性质，如颜色、状态、溶解性、熔点、密度等；物质需要通过化学变化表现出来的性质是化学性质，如可燃性、稳定性、酸碱性、腐蚀性等。西布曲明相对分子质量为 12×17＋1×29＋14＋16＋35.5×2＝334；每天从减肥药中摄入体内氯元素质量为 2×10×71÷334×100%＝4.3 mg。

参考文献

[1] 杨剑春．初中化学教学建议 [M]．南京：南京师范大学出版社，2010.

[2] 王云生．王云生的中学化学教学主张 [M]．北京：中国轻工业出版社，2014.

[3] 吴星，吕琳，张天若．中学化学疑难辨析 [M]．南京：江苏教育出版社，2012.

项目五　大单元整体教学的实践与反思

大单元整体教学设计思路是指在进行教学设计时，将整个大单元的教学目标、教学内容、教学方法、教学评价等进行系统规划和组织，形成一个完整的教学方案。

大单元整体教学设计的思路如下：

一、确定教学目标

明确大单元的学习目标，包括知识目标、技能目标和情感目标。这些目标应该具有一定的层次性，从简单的基础知识到复杂的综合应用能力。

二、分析教学内容

对大单元的教学内容进行分析，确定重点和难点，将其分解为小的知识点或能力点。同时，要考虑学生的实际情况和学习能力，合理安排教学内容的难易程度和顺序。

三、设计教学活动

根据教学目标和教学内容，设计一系列的教学活动，包括教师讲授、学生讨论、实验探究、案例分析等。这些活动应该能够激发学生的学习兴趣，培养他们的自主学习能力和合作学习能力。

四、选择教学方法

根据教学目标和教学内容的特点，选择合适的教学方法。可以采用讲授法、示范法、讨论法、实验法、案例法等多种教学方法，以满足不同学生的学习需求。

五、设计教学评价方式

设计合适的教学评价方式，对学生的学习情况进行评价。可以采用考试、作业、小组讨论、实验报告等方式进行评价，以了解学生的学习进展和问题，及时调整教学策略。

六、教学过程管理

在教学过程中，要进行有效的教学管理，包括课堂纪律管理、学习资源管理、时间管理等。同时，要关注学生的学习情况和反馈，及时调整教学计划和教学方法。

七、教学反思与改进

教学结束后，进行教学反思，总结教学经验和不足，为下一次教学提供参考。同时，要根据学生的实际表现和反馈，对教学方案进行改进和完善。

总之，大单元整体教学设计思路是以教学目标为导向，通过分析教学内容、设计教学活动、选择教学方法、设计教学评价等多个环节，形成一个完整的教学方案，以提高教学效果和学生的学习成果。

在学习过的化学反应中，我们知道有些反应会吸热，有些反应会放热。本部分就化石燃料的组成以及化石能源对人类生产生活的重要性进行学习和探究，将化学理论与生活实际紧密结合，使学生充分感受化学的神奇以及对人类社会的重要作用。认识合理利用和开发新能源，节约化石能源的重要性，树立环保意识，珍爱我们赖以生存的地球环境。

实例一　燃烧与灭火

【学习目标】

(1) 理解燃烧的化学原理和基本过程。

(2) 掌握燃烧的三个基本条件：可燃物、氧气（助燃物）和引燃温度。

(3) 知道火灾分类以及不同类型的火灾适用的灭火器材和方法。

(4) 学习燃料的种类、特性以及它们对环境和人们健康的影响。

(5) 认识火灾预防措施，了解火灾发生时的应急逃生方法。

(6) 能够操作实验器材，进行燃烧与灭火的实验；能够选择合适的灭火器并正确使用它们来熄灭火焰；具备基本的火灾预防的常识和应对火灾的实际操作能力；能够分析实验结果，并运用所学理论解释燃烧与灭火现象。

(7) 将化学知识与物理、生物、地理等其他学科内容联系起来，形成综合性认知；应用所学知识解决实际问题，如设计有效的灭火方案，预防火灾发生。

(8) 鼓励学生通过项目或案例研究，深入探讨燃烧与灭火相关的先进科技和新型材料；激发学生的创新思维，探索新能源的使用和开发可持续的燃烧技术。

【学习重点】

(1) 理解燃烧的化学原理和基本过程；

(2) 掌握燃烧的三个基本条件：可燃物、氧气（助燃物）和引燃温度。

【学习难点】

(1) 理解燃烧的化学原理和基本过程；

(2) 掌握燃烧的三个基本条件：可燃物、氧气（助燃物）和引燃温度。

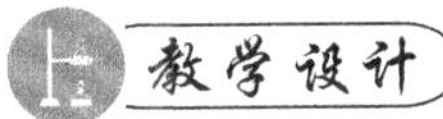

一、创设情境

提问：(展示一块手帕) 同学们，你们认为手帕能不能燃烧？

演示：“烧不坏”的手帕。将手帕在50%的酒精溶液中浸透，轻轻地把酒精挤掉，然后放在燃着的酒精灯上点燃。为什么这块手帕烧不坏？创设情境引导学生观察实验，思考手帕烧不坏的原因。

二、新课学习

引言：从古至今，人类的进步与火有着密切的联系，你知道人类利用火的历程吗？但是火有时也会给人们带来一定的灾难。那么物体怎样才能燃烧呢？条件是什么？

(一) 知识点1：燃烧的概念

讲解：通常情况下，可燃物与氧气发生的一种发光、放热的剧烈的氧化反应叫作“燃烧”。

提问：请同学们想想常见的燃烧反应有哪些呢？

举例：燃烧反应的举例如图5-1至图5-6所示。

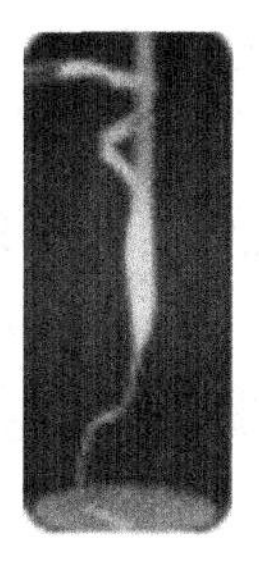

图 5-1　镁在空气中燃烧

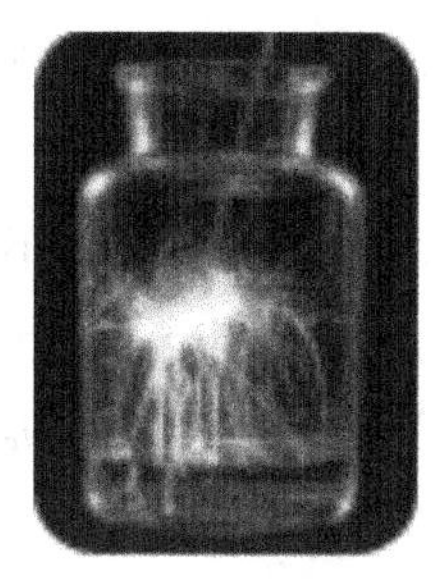

图 5-2　铁在氧气中燃烧

图 5-3　木炭在氧气中燃烧

图 5-4　磷在氧气中燃烧

图 5-5　硫在氧气中燃烧

图 5-6　蜡烛在空气中燃烧

（二）知识点 2：可燃物燃烧的条件

提问： 可燃物在什么条件下都可以燃烧吗？我们如何验证呢？

回答： 引导学生发散思维，然后回答问题。

探究： 燃烧的条件（见图 5-7、图 5-8）。

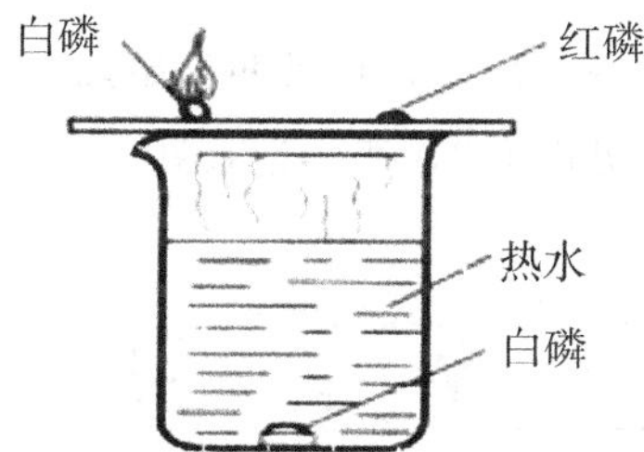

图 5-7　磷的燃烧条件 1

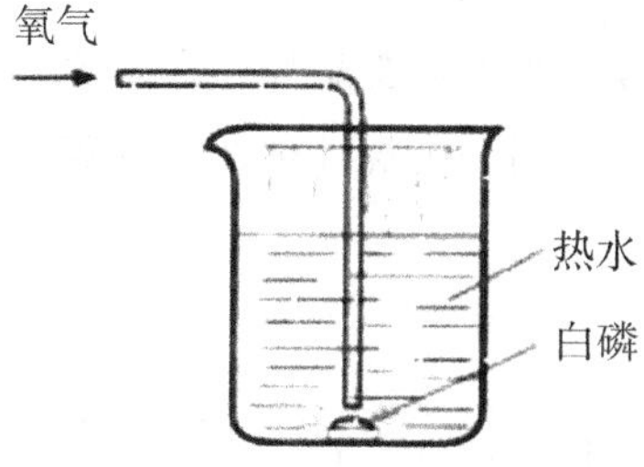

图 5-8　磷的燃烧条件 2

实验原理： 运用控制变量法，通过比较铜片上放白磷、红磷和热水中放白磷产生的不同现象，分析归纳得出燃烧的条件。

播放： 让学生观看“燃烧的条件”视频并思考下列问题。

提问 1： 图 5-7 中铜片上的白磷燃烧而红磷不燃烧说明燃烧需要什么条件？

回答： 温度要达到可燃物的着火点。

讲解：可燃物燃烧所需的最低温度，是物质固有的属性，无法改变。白磷：40 ℃；红磷：240 ℃。

提问 2：图 5-7 中铜片上的白磷燃烧而热水中的白磷不燃烧说明燃烧需要什么条件？

回答：燃烧需要氧气（或空气）。

提问 3：图 5-8 中热水中的白磷与氧气接触后，白磷居然在水中燃烧起来，这再次说明燃烧需要什么条件？

回答：燃烧确实需要氧气。

交流与讨论：

（1）通过上述实验，你能得出物质燃烧与哪些因素有关？

（2）这几个条件是否缺一不可？

总结：

（1）燃烧的三个条件必须同时具备，缺一不可；

（2）着火点是可燃物本身的一种固有属性，与可燃物的性质有关，一般情况下某物质的着火点是固定的；

（3）燃烧的定义是一种狭隘的概念，并不是物质燃烧都需要氧气参与，如氢气在氯气中燃烧。

（三）知识点 3：灭火的原理和方法

思考：如果控制不当，燃烧会给生活带来哪些灾害呢？炒菜时油锅中的油不慎着火，应怎样灭火？液化气罐着火了，怎么办？请你用尽可能多的方法将蜡烛熄灭，并讨论采用这些方法为什么能灭火。

探究：火火的原理。

实验操作：点燃 3 支蜡烛，在其中一支蜡烛上扣一个烧杯，将另两支蜡烛分别放在两个烧杯中，然后向一个烧杯中加适量碳酸钠和盐酸（见图 5-9，实验记录见表 5-1）。

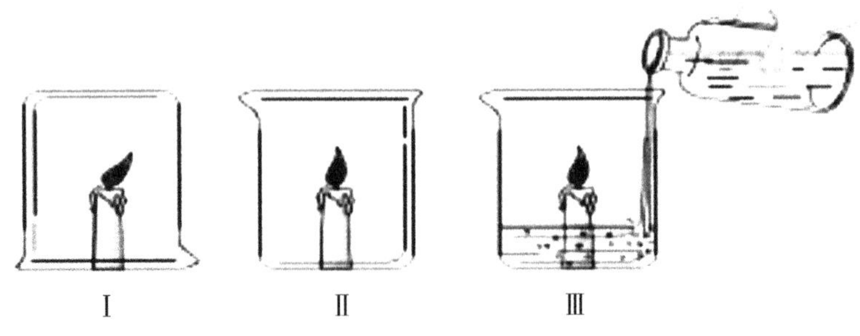

图 5-9　蜡烛灭火实验

表 5-1　实验记录

	现象	分析
Ⅰ	蜡烛熄灭	扣上烧杯后，燃烧的蜡烛与氧气（或空气）隔离，蜡烛熄灭
Ⅱ	蜡烛燃烧情况不变	蜡烛始终与氧气接触，继续燃烧
Ⅲ	蜡烛熄灭	碳酸钠和盐酸反应产生二氧化碳使蜡烛与空气隔离，蜡烛熄灭

总结： 灭火的根本就是破坏燃烧的条件。

讲解： 灭火器的结构。

举例： 几种常见的灭火器的原理及用途。

(1) 干粉灭火器：利用压缩的二氧化碳吹出干粉，用来扑灭油、气引起的失火。

(2) 二氧化碳灭火器：喷射液态二氧化碳，用来扑灭图书、贵重设备、精密仪器引起的失火。

(3) 水基型灭火器：泡沫和水膜的双重作用，用来扑灭汽油、柴油、木材、棉布引起的失火。

探究： 灭火器的原理。

播放： 播放“泡沫灭火器原理”视频，让学生观看视频并思考问题。

实验操作： 装置正立时放在小试管中的浓盐酸与放在锥形瓶中的碳酸钠溶液不接触；当装置倾斜倒置时，两种药品接触，发生反应。

反应原理：

$$Na_2CO_3 + 2HCl \xlongequal{\quad} 2NaCl + H_2O + CO_2\uparrow$$ 。

总结： 产生的二氧化碳使装置中的压强增大，喷出的混有二氧化碳的液体有降温和隔绝空气的作用。

三、课堂小结

通过本实例的学习，可以使学生掌握燃烧的基本条件，灭火的原理及方法，从而联系实际，学会处理生活中灭火的问题。

教学反思

学生在学习本课之前已经有了一定的化学知识积累，对燃烧的现象也有一定的了解，对学习特别是实验探究有较浓厚的兴趣。设置分组讨论实验有助于他们的直观性学习。

一、存在的问题

实验中遇到的学习问题主要有以下两个方面。

第一，对着火点的概念理解不够，有的学生把降温灭火的方法说成降低着火点。部分学生对于燃烧和灭火的概念理解不够深入，对于燃烧的条件和灭火的方法掌握不够牢固。这可能与我在教学中没有充分强调这些重点概念有关。

第二，缺乏探究活动所需的动手能力和操作规范性。我在引导学生进行实验操作时，对于实验步骤和注意事项的讲解不够详细，导致部分学生在实验中出现了操作不规范的情况。

二、改进的措施

解决措施如下。

第一，教学内容的组织与呈现方面，将抽象的化学知识与生活中的实际情境相结合，帮助学生形成直观的认识。通过引入生活中的燃烧现象，如蜡烛的燃烧、厨房的火焰等，引导学生思考燃烧的条件和过程，并探讨灭火的方法和原理。同时，也注重通过实验演示来展示燃烧和灭火的过程，帮助学生形成深刻的印象。

第二，教学方法方面，尝试采用多样化的教学手段来激发学生的学习兴趣。通过小组讨论、案例分析等方式，鼓励学生积极参与课堂互动，提出自己的见解和问题。同时，也利用多媒体教学资源，如图片、视频等，帮助学生更好地理解燃烧与灭火的原理。

第三，加强学生对于燃烧和灭火概念的理解和掌握，通过更多的实例和练习来巩固他们对知识点的掌握。

第四，在实验教学中，应该更加注重对实验步骤和注意事项的详细讲解，确保每个学生都能够安全、正确地进行实验操作。同时，还应该加强对学生的引导和启发，鼓励他们主动思考和探索，培养他们的创新能力和实践能力。

第五，教师应该反思自己的教学方法和策略是否足够灵活和多样，是否能够满足不同学生的学习需求。在教学中应注重学生的个体差异和不同的学习需求，采用更加灵活多样的教学方法和策略，以提高教学效果和质量。

通过本次教学反思，笔者深刻认识到在初三化学“燃烧与灭火”的教学中，需要注重理论与实践的结合，加强学生对于重点概念的理解和掌握，同时注重实验教学的安全性和有效性。只有这样，才能更好地帮助学生掌握化学知识，提高他们的化学素养和实践能力。

实例二　易燃物和易爆物的安全常识

【学习目标】

（1）列举爆炸发生的条件和防止爆炸的必要措施；

（2）能说出引起爆炸的原因、有关易燃物和易爆物的安全知识；

（3）辨认常见的与燃烧、爆炸有关的图标；

（4）学会必要的火灾自救知识。

【学习重点】

了解有关易燃物和易爆物的安全知识。

【学习难点】

理解爆炸条件。

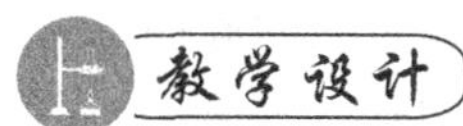

一、创设情境

2021年5月5日下午（当地时间），印度北方邦首府勒克瑙一家制氧厂发生剧烈爆炸。据《印度时报》报道，事发时民众带着空的氧气瓶排起长队，等待充氧。爆炸非常剧烈，导致许多人受伤。有目击者称："听到一声巨响，地面也在震动，还以为是地震。"据悉，该制氧厂位于居民区，事发时，工厂经理和许多员工逃离了现场。事故造成至少3死8伤，其中2名顾客一死一伤，其余受害者均为制氧厂工作人员。消防部门表示，对于事故原因，初步判定与一位顾客的巨型氧气瓶在充气过程中发生故障有关。

二、新课学习

引言：北宋王安石的古诗《元日》脍炙人口："爆竹声中一岁除，春风送暖入屠苏。千门万户曈曈日，总把新桃换旧符。"读完这首诗，你能说出此诗中哪一句涉及化学变化吗？该化学变化又是怎么发生的呢？今天我们就来学习有关易燃物、易爆物的安全知识。

（一）知识点1：有关易燃物和易爆物的安全知识

讲解：可燃物在有限的空间内急剧地燃烧，就会在短时间内聚积大量的热，使气体的体积膨胀而引起爆炸。当可燃性气体或可燃性粉尘等的浓度达到一定的范围（爆炸极限），点火时都有可能发生爆炸。

注意：爆炸分为物理性爆炸和化学性爆炸。如锅炉爆炸等没有新物质生成的爆炸属物理性爆炸；煤气泄漏遇明火爆炸，面粉、粉尘燃烧等有新物质生成的爆炸属化学性爆炸。

常见的可燃性气体的爆炸极限见表 5-2。

表 5-2　常见的可燃性气体的爆炸极限

可燃气体	爆炸极限（体积分数）
H_2	4.0%～74.2%
CH_4	5%～15%
CO	12.5%～74.2%

播放：观看“粉尘爆炸实验”视频，请学生思考为什么有些燃烧不会爆炸，有些燃烧却会爆炸。

探究：粉尘爆炸。

实验操作：剪去空金属罐和小塑料瓶的上部，并在金属罐和小塑料瓶的底侧各打一个比胶皮管外径略小的小孔。连接好装置，在小塑料瓶中放入干燥的面粉，点燃蜡烛，用塑料盖盖住金属罐。从橡皮管一端鼓入大量的空气，使面粉充满金属罐，观察现象。

实验现象：听到“砰”的一声响，面粉发生爆炸，金属罐的塑料盖被高高掀起。

实验结论：面粉在有限的空间内急速燃烧，就会发生爆炸。

提问：为什么要用塑料盖盖住金属罐？

回答：用塑料盖盖住金属罐是为了形成一个有限的空间。

提问：为什么要将面粉充满金属罐？

回答：将面粉充满金属罐是使面粉和空气充分接触。

提问：鼓入空气的目的是什么？

回答：鼓入空气是为了使面粉能与空气充分混合。

提问：点燃的蜡烛起了什么作用？

回答：点燃面粉。

交流与反思：

（1）易燃物与易爆物。易燃物是指那些容易燃烧、自燃以及一些可以引起其他物质燃烧的物质等，如硫、白磷、红磷、酒精、氢气、天然气、液化石油气、钠等物质。易爆物是指那些受热或受到撞击时容易发生爆炸的物质，如氯酸钾、硝酸铵等。

（2）爆炸的条件：①要有可燃物；②要有空气或氧气；③在有限空间内急剧的燃烧；④放出大量的热。

（3）爆炸防范。一切可燃性气体（天然气、煤气、液化石油气）、可燃性蒸汽、可燃

性粉尘与空气的混合物遇明火或者电火花都可能发生爆炸。在生产、运输、使用和储存易燃物和易爆物时，必须严格遵守有关规定，绝不允许违章操作。

（二）知识点2：火灾与自救

引言：如果发现火险或遭遇火灾，一定不要慌张，要沉着应对。如果火势较大或有蔓延的趋势和可能，应立即拨打119火警电话，并采取必要的自救措施，同时告知接警人员详细地址、着火部位、火源种类、燃烧状况等。

播放：请学生观看“不同材料引起的火灾与火灾中的自救”视频，并讨论视频中的自救知识。

三、课堂小结

第一，可燃物在有限的空间内急剧地燃烧，气体的体积迅速膨胀而引起的爆炸不一定都是化学变化，如气球爆炸属于物理变化。

第二，可燃性气体或粉尘与空气的混合物并不是在任何时候都会发生爆炸。只有在爆炸极限内才会爆炸，混合的比例低于或超出这一范围都不会发生爆炸。

第三，发生火灾时，要沉着应对，根据所学知识进行报警和自救。

教学反思

在初三化学课程中，有关易燃物与易爆物的安全常识是一个非常重要的教学内容。

一、存在的问题

在教学过程中，笔者发现了一些问题，具体表现如下。

第一，部分学生对于易燃物与易爆物的识别能力较弱，需要进一步加强训练。

第二，学生对于安全防范措施的具体操作还不够熟练，需要更多的实践机会来加以巩固。

二、改进的措施

通过对这些知识的学习，学生需要掌握易燃物与易爆物的性质、识别方法以及相关的安全防范措施。针对以上提到的问题笔者的改进措施具体如下。

第一，强调安全教育的重要性。易燃物与易爆物在日常生活中随处可见，一旦发生事故，后果不堪设想。因此，在教学中，笔者重点强调了安全意识和安全知识的重要性和必要性，引导学生从思想上认识到安全的必要性。

第二，通过实例和案例分析来加深学生对易燃物与易爆物的理解。笔者选取了一些典型的火灾和爆炸事故案例，让学生分析事故原因、预防措施和应急处置方法。这样的教学方式不仅让学生更加直观地了解易燃物与易爆物的危害，也让他们学会了如何在实践中应用所学知识。

第三，加强对易燃物与易爆物的识别训练。增加实践环节，让学生通过制作识别卡片、进行识别游戏等方式来提高识别能力，在实验室或模拟场景中亲自动手操作，学习如何正确使用灭火器材、如何正确处置易燃物与易爆物等。加强与家长的沟通，让家长也参与孩子的安全教育，共同关注孩子的安全成长。

总之，有关易燃物与易爆物的安全常识是初三化学教学中不可或缺的一部分。通过教学反思和改进教学方法，相信可以更好地帮助学生掌握相关知识，提高他们的安全意识和防范能力。课件中应多插入一些火灾自救图片或录像，这样会让学生记忆更深刻。灾难随时可能发生，学会应对灾难的本领至关重要。知识学习结束后，应进行火灾演练，考查学生能否可以利用所学知识灭火和逃生。

实例三　化学反应中的能量变化与化石燃料的利用

学习要点

【学习目标】

(1) 知道化学反应中常常伴随能量变化，认识通过化学反应实现能量转化的重要性；

(2) 知道化石燃料是重要的自然资源，知道液化石油气、汽油、煤油等都是石油加工的产物；

(3) 了解化石燃料的不可再生性、燃料充分燃烧的重要性，树立节约资源的意识；

(4) 经过对煤、石油、天然气知识的学习，体会化学与生活的紧密联系。

【学习重点】

(1) 认识合理开采和使用化石燃料的重要性；

(2) 了解燃料充分燃烧的重要性。

【学习难点】

如何使燃料得到充分的燃烧。

教学设计

一、创设情境

你在超市中见过自热米饭吗？其实自热米饭带有一个发热包，只要将包装内的发热包中的氧化钙与水接触就会放热，从而产生加热的效果。这是为什么呢？学完本节课，你就知道其中的奥秘了。

二、新课学习

引言：①物质能够燃烧所需要的是什么？②在化学反应时，是不是只有通过燃烧才能放出热量呢？③“不见炊烟起，但闻饭菜香。”现在很多地方的村民家用沼气代替了柴草做饭，告别了传统的“烟熏火燎”。但你知道沼气的成分是什么吗？沼气又是怎么产生的？

（一）知识点1：化学反应中的能量变化

实验操作：在一支试管中加入一小匙干燥的生石灰（或几小块食品袋中的干燥剂，主要成分CaO），再加入约2 mL清水，观察现象，并用手轻轻触碰试管外壁。

实验现象：固体由块状变成粉末状，液体沸腾，产生大量的白雾。

手的感觉：试管外壁发烫。

反应原理：

$$CaO + H_2O = Ca(OH)_2。$$

实验结论：生石灰和水剧烈反应，并放出热量，这是一个放热反应。

交流与反思：

（1）化学反应在生成新物质的同时，还伴随着能量的变化。而能量的变化通常表现为热量的变化。其中，放出热量的为放热反应，吸收热量的为吸热反应。

（2）播放“放热反应和吸热反应”视频，让学生更直观地了解化学反应中常常伴随的能量变化。

（3）常见的放热反应包括所有的燃烧反应、金属和酸的反应、酸碱中和反应。常见的吸热反应包括二氧化碳和碳反应、常见的受热和高温分解反应。化学反应中能量的变化通常表现为热量的变化。

（4）当今社会，人类需要的大部分能量是由化学反应产生的，这些能量的用途如下。

①生活中利用化学反应产生的能量做饭、取暖等。

②利用化学反应产生的能量发电、烧制陶瓷、冶炼金属和发射火箭等。

③利用爆炸产生的能量开矿采煤、开山炸石、拆除危旧建筑等。

（二）知识点2：化石燃料的利用

提问：你在家中做饭、洗浴用什么燃料？汽车、轮船等交通工具使用什么燃料？炼钢厂、热电厂等使用什么燃料？

回答：引导学生发散思维，然后回答问题。

讲解：化石燃料是古代生物的遗骸经一系列复杂变化而形成的，它们是不可再生能源，煤、石油、天然气被称为当今世界上最重要的三大化石燃料。

(1) 煤的形成：煤也叫作“煤炭”，被喻为“工业的粮食”“黑色的金子”。

(2) 煤的综合利用——煤的干馏：煤干馏后的综合利用，既可以充分利用煤的资源，又可以极大地减少污染。

(3) 石油、天然气的形成：石油又叫“原油”，被誉为“工业的血液”；天然气的主要成分是甲烷（CH_4），是目前公认最重要而又较洁净的气体燃料。

(4) 石油的综合利用：石油是混合物，主要含碳、氢元素（少量氮、硫元素），分馏产物、燃烧产物为CO_2、NO_2、SO_2 等。由于组成石油的各物质的沸点不同，给石油加热，它们就会被先后蒸馏出来而得到分离，这种现象是物理变化。

(5) 天然气：主要是由碳和氢组成的气态化合物，其中主要的是甲烷（CH_4）。

①甲烷的物理性质：通常状况下为无色、无味、气体；难溶于水；比空气轻。

②甲烷的化学性质：可燃性。

探究：甲烷燃烧实验步骤、现象及结论见表 5-3。

表 5-3　甲烷燃烧实验步骤、现象及结论

实验步骤	实验现象	结论
(1) 点燃甲烷	产生淡蓝色火焰	甲烷具有可燃性
(2) 将干冷的小烧杯罩在甲烷燃烧的火焰上	烧杯内壁出现水珠	甲烷中含有氢元素
(3) 向罩过甲烷燃烧火焰的小烧杯中注入澄清的石灰水	澄清石灰水变混浊	甲烷中含有碳元素

注意：点燃甲烷前需检验其纯度。

实验原理：

$$CH_4 + 2O_2 \xlongequal{点燃} CO_2 + 2H_2O。$$

播放：观看“甲烷燃烧”的视频，观察实验现象，得出结论。

讲解：甲烷的一般特点如下。

(1) 与石油伴生（天然气）；

(2) 与煤伴生（坑气、瓦斯）；

(3) 存在于池沼底部和沼气池（沼气）；

(4) 存在于海底（可燃冰）。

可燃冰或将成为未来新能源，但目前开采可燃冰存在困难。

提问 1：炼钢炉炼钢时为什么要不停地鼓入空气？

回答：提供充足的空气。

提问 2：在篝火燃烧时，木柴为什么不平放在地上，却要架空？

回答：使木柴与空气有足够的接触面，充分燃烧。

提问3：提问1、提问2这两种做法对燃料而言有什么好处？对环境来说又什么帮助？

回答：使燃料充分燃烧，减少环境污染。

提问4：做饭时，有时燃气灶或煤炉的火焰呈黄色或橙色，锅底出现黑色。此时就需要调节一下灶具或炉具的进风口，这是为什么呢？

回答：引导学生发散思维，然后回答问题。

总结：燃料充分燃烧的条件如下。

（1）燃烧时有足够多的空气；

（2）燃料与空气有足够大的接触面积。

三、课堂小结

（一）化学反应中的能量变化

能量变化表现为吸热现象和放热现象。使燃料充分燃烧要考虑的因素：一是要有足够多的空气，二是燃料要与空气有足够大的接触面积。

（二）化石燃料的利用

化石燃料的形成；煤主要含有碳元素；石油，主要含有碳、氢两种元素；天然气的主要成分是甲烷（俗名沼气）。

甲烷燃烧的化学方程式为

$$CH_4 + 2O_2 \xlongequal{\text{点燃}} CO_2 + 2H_2O。$$

教学反思

在完成初三化学中“化学反应中的能量变化与化石燃料的利用”这一单元的教学后，笔者深感这一内容的重要性和复杂性。

一、存在的问题

在教学过程中，笔者也遇到了一些挑战，主要表现在以下两方面。

一方面，学生对于能量守恒和能量转化的理解程度参差不齐，部分学生在理解化学反应中能量的来源和去向时存在困难。

另一方面，化石燃料的利用和环境保护之间的关系也是一个复杂的问题，需要学生具备一定的综合分析和应用能力。在这方面，部分学生的理解和应用能力还有待提高。

二、改进的措施

针对以上的问题，笔者认为可以从以下几方面进行改进。

第一，在教学内容的组织和呈现上，将抽象的化学反应和能量变化概念与具体的化石燃料利用实例相结合，帮助学生形成直观的认识。通过展示各种化学反应中能量变化的实例，如燃烧、中和反应等，引导学生充分理解化学反应中能量的转化和守恒；同时，详细介绍化石燃料的种类、利用方式以及其对环境的影响，帮助学生理解化石燃料在能源领域的重要地位以及可持续利用的必要性。

第二，加强基础概念的讲解和练习，确保每位学生都能够牢固掌握能量守恒和能量转化的基本原理。可以通过设计一些具体的化学反应实例，让学生进行计算和分析，从而加深对概念的理解。在化石燃料的利用和环境保护方面，可以引入更多的实际案例和数据分析，帮助学生了解化石燃料利用对环境的影响以及可持续利用的重要性。

第三，引导学生开展一些小组讨论或研究项目，让他们自己探究如何减少化石燃料利用对环境的影响，提高能源利用效率。

第四，注重培养学生的实践能力和创新思维。可以通过开展化学实验、组织课外实践活动等方式，让学生亲身感受化学反应中能量的变化和化石燃料的利用过程，培养他们的实验技能和观察能力。同时，也可以鼓励学生提出自己的见解和想法，培养他们的创新思维和解决问题的能力。

综上所述，初三化学“化学反应中的能量变化与化石燃料的利用”这一单元的教学是一个复杂而重要的任务。通过不断反思和改进教学方法及策略，可以更好地帮助学生掌握相关知识，提高他们的化学素养和实践能力。本单元教学主要以学生活动为主，通过学生自学、收集整理资料等形式，不仅拓宽了学生的知识面，还可以对学生进行国情教育，使学生对能源关系全球未来命运的共同问题有一定的认识，培养节约能源的意识。学生对煤、石油和天然气等并不陌生，但他们大多对化石燃料的认识仅仅停留在能燃烧的层面上，对化石燃料如煤、石油的综合利用了解得不够多。

实例四　使用燃料对环境的影响与能源的利用和开发

【学习目标】

（1）了解燃料燃烧对环境的影响；

（2）认识使用和开发清洁燃料及各种能源的重要性；

(3) 形成保护环境、爱护环境的意识。

【学习重点】

(1) 了解化石燃料燃烧对环境的影响，了解如何选择对环境污染较小的燃料；

(2) 认识使用和开发清洁燃料及各种新能源的重要性。

【学习难点】

燃料燃烧对空气造成污染的原因，选用燃料的依据，新燃料及能源的优点。

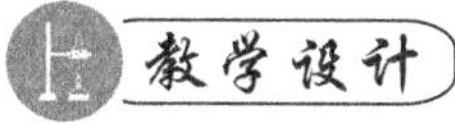

一、创设情境

你们家里做饭时用的是什么燃料？深秋有淡雾的早晨，你看到城镇或交通要道上方是一番什么景象？走在路上，一辆汽车从你身边经过，你有什么感觉？

二、新课学习

引言： 人类一直生活在空气清新、风景如画的美好世界里。可是工业革命以后，在我们生活的世界里，天空不再那么湛蓝，水不再碧绿，空气不再清新。请思考造成这种现象的原因是什么。

(一) 知识点1：使用燃料对环境的影响

想一想： 在利用化石能源造福人类的同时，也带来了哪些问题？

讲解：

(1) 化石燃料燃烧造成空气污染的主要原因。

①燃料中的一些杂质如硫等燃烧时，产生空气污染物，如二氧化硫等。

②燃料燃烧不充分，产生一氧化碳等。

③未燃烧的碳氢化合物及炭粒、尘粒等排放到空气中形成浮尘。

(2) 燃料燃烧对空气的影响。

①煤和石油的燃烧。煤、石油燃烧时排放出二氧化硫（SO_2）、二氧化氮（NO_2）等污染物，这些气体或气体在空气中发生反应后的生成物溶于雨水，会形成酸雨。酸雨影响农作物生长，腐蚀金属材料、雕塑，破坏大理石建筑，危害人体健康。

②汽车用燃料的燃烧。燃料燃烧会形成汽车尾气，产生一氧化碳、未燃烧的碳氢化合物、氮的氧化物、含铅化合物和烟尘等污染物。

提问： 减少汽车尾气对空气污染的措施有哪些？

回答： 改进发动机的燃烧方式，使汽油能充分燃烧；使用催化、净化装置，使有害气体转化为无害物质；使用无铅汽油，禁止含铅物质排放；加大尾气监测力度，禁止未达环保标准的汽车上路；改用压缩天然气（CNG）或液化石油气（LPG）、乙醇汽油等作燃料以减少对空气的污染。

提问：乙醇可以通过什么方式得到?

回答：可通过高粱、玉米和薯类等发酵、蒸馏而得到。

提问：使用车用乙醇汽油的优点有哪些?

回答：节省石油资源、减少汽车尾气的污染、促进农业发展。

(二) 知识点 2：能源的利用和开发

提问：我们离不开燃料，更需要清洁的环境。怎么办?

回答：开发新能源，实现人类可持续发展。

讲解：

1. 氢气

氢气本身无毒，且燃烧后的产物是水，不污染空气，被认为是最理想的清洁、高能燃料。

氢气燃烧的反应原理：$2H_2 + O_2 \xlongequal{点燃} 2H_2O$。

氢气常应用于航天燃料、氢燃料电池等。

探究：氢气的实验室制法。

反应药品：锌粒和稀硫酸。

反应原理：$Zn + H_2SO_4 \xlongequal{} ZnSO_4 + H_2\uparrow$。

播放：观看“氢气的制取与性质”视频，观察实验操作与现象。

交流与反思：

讨论 1：回忆做过的电解水的实验，写出电解水的化学方程式。

答：$2H_2O \xlongequal{通电} 2H_2\uparrow + O_2\uparrow$。

讨论 2：你认为目前氢气作为清洁能源使用所面临的问题是什么?

答：制取成本高和储存困难，作为燃料暂时还不能广泛使用。

2. 其他新能源

提问：日常生活中哪些地方我们用到了新能源?

回答：太阳能发电、核电站、风力发电、地热电厂、水电站、潮汐能电站。

提问：开发新能源的作用有哪些？常见新能源的优点分别是什么?

回答：解决化石能源枯竭的问题，减少环境污染。

(1) 核能优点：污染小，储藏量大，成本低，特别是释放能量大，所以越来越受到人

们的重视。

（2）太阳能优点：极为丰富，又是清洁的、可再生的能源。

（3）风能优点：是一种流动空气产生的动能，用于风帆助航、风力提水、农副产品加工、风力发电、风力致热等领域。利用风能可以为牧区、海岛、哨所、高山气象站及偏远地区提供生活、生产用电。

三、课堂小结

通过本实例的学习，可以使学生了解燃料燃烧对环境的影响，明白使用和开发清洁燃料及各种能源的重要性，形成环保意识。

四　教学反思

一、存在的问题

在本次教学中笔者发现存在以下几个问题。

第一，学生课前收集资料太少，对能源的节约认识不深刻。由于实验条件的限制，部分实验未能得到充分展示。

第二，在这次教学中，笔者采用了多种教学方法，如案例分析、小组讨论、角色扮演等，但仍有部分学生在参与度和理解程度上与其他学生存在差距。

第三，在这次教学中，笔者尽力涵盖了燃料对环境的影响、能源的分类、新能源的开发等多方面，但在某些细节的深入程度上还有待加强。

第四，在教学过程中，笔者尽量通过提问、讨论等方式引导学生主动思考和探索，但仍有部分学生在思维深度和广度上有所欠缺。

二、改进的措施

针对教学中存在的问题，具体的改进措施如下。

第一，鼓励学生在课前收集丰富的实验材料，为实验做好充分的准备；努力改善实验条件，设计更多富有创意和启发性的实验，让学生在实践中感受化学的魅力。

第二，注重教学方法的多样性和灵活性，针对学生的不同特点和需求，设计更具针对性的教学活动，激发学生的学习兴趣和积极性。此外，还需要加强对学生的引导和启发。

第三，注重培养学生的思维能力，通过设计富有挑战性和启发性的问题，引导学生深入思考、大胆创新。

第四，笔者深刻体会到作为一名化学教师的责任和使命。需要不断更新自己的知识储备，关注化学领域的最新动态，以便将最新的知识和技术引入教学中。同时，还需要关注社会热点和环保问题，将化学知识与现实生活紧密相连，培养学生的环保意识和科学素养。

第五，教学内容的深度和广度需要更加均衡。注重对知识点的深入挖掘和拓展，使学生能够更全面地了解这一主题。实验教学在本次教学中的作用不容忽视。通过实验，学生能够更直观地观察到燃料燃烧产生的污染物以及新能源的利用效果，从而加深对知识的理解。

本节课教学主要以学生活动为主，通过学生自学、收集整理资料等形式，不仅拓宽了学生的知识面，还可以对学生进行环境教育、国情教育，使学生对能源、环境这些关系全球未来命运的共同问题有一定的认识，激发学生环保意识与社会责任感。

参考文献

［1］金陵．翻转课堂与微课程教学法［M］．北京：北京师范大学出版社，2015.

［2］杨剑春．初中化学教学建议［M］．南京：南京师范大学出版社，2009.

［3］王云生．课堂转型与学科核心素养培养：中学化学课堂教学改革探索［M］．上海：上海教育出版社，2016.

［4］钟启泉．课堂研究［M］．上海：华东师范大学出版社，2016.

［5］王云生．王云生的中学化学教学主张［M］．北京：中国轻工业出版社，2014.

［6］麦克马斯．科学教育中的科学本质：理论和策略［M］．李广洲，刘前树，译．桂林：广西师范大学出版社，2014.

［7］比格斯．美国中学核心理科教材［M］．施忆，译．杭州：浙江科技出版社，2011.

下 篇

育人研究

项目六 浅谈培养学生良好行为品质的策略

美国社会心理学家库尔特·卢因认为，人类的行为是个人与环境相互作用的结果，人类的行为方式、指向和强度，主要受两大因素的影响和制约，即个人的内部因素和外部环境因素。初中生的行为品质也主要受外部环境和自身因素影响。10年的教学经验让笔者深刻地体会到学生的行为品质主要是受家庭环境影响。班主任想利用有限的教学时间纠正学生不良的行为品质是比较困难的，这是一项任重而道远的工作。

家庭环境是孩子接受教育的第一环境，也是孩子行为品质发展的第一课堂。父母是孩子的第一任老师，孩子与家长朝夕相处，家长无时无刻不在潜移默化地影响他们行为品质的养成。随着社会竞争的日趋激烈，过多的家庭过度地希望子女成龙成凤，什么事情都希望孩子赢在起跑线、站在最前端，对孩子的期望值过高，甚至用对成人的要求去约束孩子，忽视了孩子的年龄特征、心理特质，甚至造成适得其反的效果。我们应该充分认识到，什么样的家庭培养出什么样的孩子，家庭环境对孩子的健康成长与良好行为品质的养成相当重要。社会、家庭和学校教育共同组成了青少年思想道德教育系统。家庭教育是整个思想道德教育体系的重要组成部分，重视家庭教育有助于学生良好思想道德品质的培养。

一、家庭教育中的误区

（一）期望太高

不少家长对孩子的“人生蓝图”充满期待，从孩子儿童时期起，不管孩子喜不喜欢，玩具、图书、音像资料就搞了一大堆，幼儿早期教育的物资准备工作做得很好，却忽视了思想教育。进入学校后，有的家长总希望孩子成绩名列前茅，让孩子参加各种各样的特长班、兴趣班，也有的为孩子布置额外的家庭作业，孩子外出参与交往的机会很少。他们唯一的愿望就是孩子今后能考上重点高中、重点大学，将来找到一份满意的工作。我们可以理解家长的这种心情，但这些往往会忽视了孩子行为品质的养成。将学习成绩视为唯一的成功标准，常常给孩子过大的学业压力，无法平衡他们的兴趣、天赋和个性发展。家长应该关注孩子的全面发展，提供各种学习和兴趣的机会。过高的期望，往往使孩子失去奋斗的勇气，他们整天背负着父母的压力，往往会诱发严重的心理障碍。

（二）期望单一

有些家长对孩子的期望只限于自身的视野，其视野之外的就无法超越，往往会造成了期望相对单一的结果。不少家长会根据自己的喜好给孩子定调未来的发展，把自己的理想寄托在孩子身上，想让孩子实现自己没有实现的理想。例如：一位家长看到亲戚的孩子考上了音乐学院，就给自己的孩子买钢琴，高价聘请家庭教师“逼”自己的孩子练琴；一位家长自己因高考差几分未被重点大学录取，就拼命地“逼”孩子将来一定要考上重点学校、出国深造。这类情况屡见不鲜。单一的期望会使孩子失去了学习的兴趣，同时也不利于良好行为品质的养成。

（三）溺爱现象严重

相关的社会调查显示：71.23％的孩子营养过剩，22.53％的学生根本不参加任何家务活动，66.84％的学生不会洗衣做饭。正是在这样的家庭教育下，我们的孩子才容易养成霸道、孤僻、懦弱、胆小的性格；正是这样的家庭教育，我们的孩子在走向社会后，才更会觉得束手无策。现在频频出现高分低能现象，“巨婴”现象也是层出不穷。如果要培养德智体美劳全面发展的孩子，那么家长的认知、家庭的培养就显得尤为重要。家长的社会观、价值观以及对工作、生活的态度都会影响孩子的成长。身教重于言传，良好的品行才是孩子健康发展的第一标志。

（四）干涉过多

家长希望自己的孩子成为同龄人中最优秀的那一个，又担心孩子把握不住人生的方向，所以时时处处要做孩子的导师。对孩子的要求干涉过多，主要表现就是对孩子的学习成绩过分关注以及教育方法的简单粗暴。有一位家长，从他孩子入学那一天起，每天晚上都把电视机关掉，陪孩子一起学习，出现一些小问题都马上帮着解答；平时每一次考试，无论是什么科目、小考大考，他都把孩子以及班上一些学习好的孩子的成绩记录下来，认真地比较、分析，如果哪一次考试不理想，就会唠叨不停，甚至对孩子拳脚相加。由于他的不懈努力，该生的学习成绩确实名列前茅。但在高考之前，孩子做了一件让他吃惊的事情：孩子失踪了！在后来的谈话中，孩子委屈地说出了一直窝在心里的话：“虽然爸爸妈妈爱我，但不理解我、尊重我，我无法承受他们的爱。爸爸妈妈对我的期望太高，让我每天生活在压力与恐惧之中，我很担心名落孙山。”这一次的教训能不惨痛吗？

（五）过度批评和惩罚

严厉的批评和过度的惩罚可能会导致孩子产生负面情绪，降低他们的自信心和动力，甚至对他们的心理健康产生不良影响。适度的批评和正确的惩罚方式是更有效的做法。忽视与孩子的沟通以及对缺乏对他们的理解会导致家长无法关注到他们的需求和心理状态。家长应该花时间倾听孩子的想法，与他们建立良好的沟通渠道，以便更好地支持他们的成长。

（六）缺乏家规

缺乏家规会导致孩子的行为不受约束，无法建立良好的行为习惯。明确的家规可以帮助孩子树立遵守纪律的意识，培养他们的责任感。盲目模仿他人的教育方式可能忽视孩子的个性和需求。每个家庭和孩子都是独特的，应该根据他们的特点和需求来执行合适的教育任务。

（七）过度依赖科技

虽然科技在现代生活中起着重要作用，但过度依赖科技可能对孩子的发展产生负面影响。家长应该确保孩子适度地使用科技，鼓励他们参与其他活动和建立良好的亲子关系。

为了避免这些误区，家长需要关注孩子的整体发展和需求，对他们进行合理的引导和支持。建立积极的家庭氛围和沟通方式，培养孩子的独立性和自信心，以帮助他们建立良好的行为品质，促进他们的全面发展。总而言之，如果想让孩子健康成长，那么家长就不要以自己的好恶来为孩子设计未来，更不要用自己的标准来约束孩子，要给孩子提供一个健康的环境，还孩子一个自由的空间，让他们按自己的兴趣去发展。

二、家庭环境促进良好品行的养成

家庭环境好坏程度的衡量不能仅仅考虑贫富差距、物质生活，更要注重家教、家风。家庭成员之间和睦相爱，平等相处，就会在无形中给孩子带来榜样和力量。曾有心理学家指出：在指责中长大的孩子，将来容易怨天尤人；在嘲讽中长大的孩子，将来容易消极退缩；在嫉妒中长大的孩子，将来容易钩心斗角；在宠溺中长大的孩子，将来容易自以为是；在鼓励中长大的孩子，将来必能爱人爱己；在分享中长大的孩子，将来能维护正义真理；在友善中长大的孩子，将来必能对世界多一份关怀。了解了这些，就不难看出，孩子的成长与未来取决于他来自什么样的家庭，得到的是什么样的教育。如果想让孩子茁壮成长，就需要我们从以下几个方面去做。

（一）营造和谐友爱的家庭氛围

在一个幸福家庭里生活的孩子往往更快乐、更健康。现实生活中，虽然有的家庭经济条件一般，但家庭成员之间感情和睦，彼此理解包容，家庭氛围融洽，在这样的家庭里成长起来的孩子，往往阳光开朗、性格活泼、习惯良好。相反，如果一个家庭里的成员自私自利、言语粗暴、性情乖戾，对孩子充满责备、动辄打骂，久而久之，就会让孩子觉得自己不被重视，敏感急躁，从而心生怨恨，在学习中就会表现出积极性不高、纪律性不强的情况，容易产生自卑心理。孩子如果长期处在这种氛围中，又缺少温暖和关爱，就极易被养成遇事紧张、孤僻自私、不合群等不良行为，会对孩子的心理健康产生负面影响。因而，家庭氛围的营造对学生行为品质起着很大作用，这就要求广大家长朋友注意和睦相待、互相关心、互相尊重、共同创造一个关系融洽的家庭氛围。鼓励家庭成员分担家庭事务，每个人负责的事项应清晰明确，如家务、学习等。这有助于培养孩子的责任感和自律性。帮助孩子形成良好的习惯，如整理书包、按时完成作业、保持良好的卫生习惯等。建立稳定的日常规律也有助于孩子行为品质的养成。制定清晰的责任分工：鼓励家庭成员分担家庭事务，每个人负责的事项应清晰明确，这有助于培养孩子的责任感和自律性。给予孩子一定的自主权和决策权，让他们有机会做出自己的选择并承担相应的责任，这有助于培养孩子的独立性和自律性。

（二）扮演好父母的榜样角色

孩子身上体现的一言一行，很大程度上来源于父母的言传身教。家长是孩子最重要的榜样，要言行一致，以身作则，展示出良好的行为品质。孩子喜欢模仿大人的言行举止，家长的言行举止就往往会体现在孩子身上。作为家长，要特别注意自己的所作所为、一举一动。大文豪托尔斯泰说：“全部教育，或者说千分之九百九十九的教育都归结到榜样上，归结到父母自己的端正和完善上。”所以作为父母要做好孩子的榜样，勿以善小而不为，勿以恶小而为之。家长孝敬父母、尊重他人、与人为善，讲文明、守纪律、讲卫生，孩子就会从中看、从中学。家长不遵守交通规则、闯红灯、乱插队、大声喧哗，孩子也会效仿，可能当场没有人说，但将来一定会有人管。因此，良好的家教风气、家长的榜样作用需要一而再、再而三地重视起来，我们要制定一套家庭规章制度，明确规定家庭成员的责任、义务和行为准则，并确保所有人都理解和遵守。

（三）加强与孩子的亲情互动

孩子不仅需要家长在物质上的给予，更需要与家长的真诚交流。俗语说：给孩子最好的教育就是陪伴。要与孩子有更多的时间相处，有更多的对话沟通。家长不要沉溺于手机、电视、游戏，而是要带着孩子走进自然、走进娱乐，跟孩子一起在学中玩、在玩中

学，让孩子充分感受到家庭的欢乐、学习的快乐，使良好的行为品质得到充分的培养。要走进孩子的内心世界，从孩子的角度考虑问题，成为孩子的知心朋友，以相互平等、相互尊重、相互理解的心态与孩子交流。要摒弃自己是大人的权威架子，让孩子想说敢说。可以通过交流，更多地关心孩子的心理情况，知道他的内心世界，及时地释疑解惑，了解孩子的思想、需求、喜好。鼓励家庭成员之间开放和尊重的沟通。给孩子提供表达自己意见和情感的机会，同时也要倾听他们的想法和问题。

（四）创造一个良好的学习环境

经常可以看到这样的家长，他们觉得孩子吃穿不愁，所在学校的师资力量雄厚、教学效果良好，学习就是孩子自己的事情。但这些家长忽略了一个良好的学习环境对孩子的成长是多么重要。比如，孩子在家看书、做作业时，家长就要尽可能地少去制造干扰，让他们安心、静气、投入地学习，切不可自我为主，看电视、听音乐，甚至大声喧哗、高谈阔论，尽可能不要引起孩子的不适，分散孩子的注意力，影响孩子的学习效果。同时，家长也要率先垂范，孩子学习的时候，自己也可以拿起书本，借机会充电加油、增长知识积累。与孩子一同学习，也许可以带来意想不到的、事半功倍的效果，让孩子感到学习的成就感与收获感，学习的效率与质量往往更高。通过奖励机制，以及实时的正面反馈和鼓励，来认可和强化孩子的良好行为。这可以是口头称赞、奖励或其他形式的肯定。

三、家校合作促进孩子形成良好行为品质

巴金先生曾说："孩子的成功教育，从好习惯培养开始。"我们也经常强调"习惯形成性格，性格决定命运"。可见初中阶段养成良好行为品质对学生而言有多么重要。笔者结合自身的工作经验，认为可以从以下方面对学生加以教育。

（一）利用网络教育平台，丰富教育内容，细化教育规则

深圳市教育局为学生开设了丰富多彩的网络课程，班主任可以结合相关内容，针对班级学生的实际情况，增删适合的养成教育内容，细化具体的教育内容。如果时间精力允许，一线班主任可以逐年完善习惯养成教育内容，形成一套适应本校学生的相对规范的课程，教育活动方能开展得得心应手。同时，将这份课程根据教育时间段，不定时推送给家长，请家长结合孩子的实际情况，在家里进行强化，通过家校共育的手段提高学生的行为品质（见表 6-1）。

表 6-1　学生行为品质分类和管理方法

行为品质分类	行为品质细则	奖惩细则
安全行为品质	“安全第一”，加深学生对台风、暴雨、火灾、交通、溺水、饮食等安全常识的了解，指导他们学会自我保护，如课间不做危险动作，过马路不看手机，暴雨、台风天气时不外出等	对行为品质良好的同学进行量化加分，不定期举行班级行为之星评比，颁发奖状、奖品，举行仪式感满满的颁奖活动； 对行为品质不达标的同学量化扣分，进行心理辅导和一定程度的劳动教育； 对行为品质有改进的同学开展表彰活动，事迹张贴在光荣榜上，并及时联系家长，请家长抓住机会同步表扬
文明礼貌品质	做到不谩骂、挖苦同学，不给同学取外号，能主动向长辈问好等	
卫生行为品质	地面整洁、桌椅整齐、衣服工整等	
爱护公物品质	不乱踩花草，不在桌面、墙上刻画等	
勤俭节约品质	不乱丢纸张、不丢粉笔、光盘行动等	
团结友爱品质	团结同学、尊重同学等	
感恩友好品质	感恩父母、师长、同学、环境等	
课堂学习品质	不开小差，不讲话，认真做笔记等	
……	……	……

在相关的教育理念和教育管理方法的实施下，笔者不时进行个案研究，发现不少学生们都能收到较好的“自我管理、自我教育”的效果。可以从下面案例中看出成效。

案例 1：笔者对上课经常跑神的学生小叶进行管理教育，刚开始，我与她促膝长谈，从“个人目标”与“生活成就”两方面告诉她，这样的学习习惯将给她带来怎样的负面影响，从心理层面让她意识到自己的行为不正确。再加上往后每节课课上的耳提面命，她跑神的次数有所减少，但单凭老师课堂上短暂的提醒并没有办法纠正她在上课时开小差的坏习惯。于是我制定了一张自我管理表，如表 6-2 所示，并指定她旁边的同学给予公正的评价。

表 6-2　学生自我管理

日期：　　　　　　　　　　　　星期：

课程	课堂表现		计划执行			
	学生评价	自我评价	学生评价	自我评价	教师评价	家长评价
语文						
数学						
英语						
历史						
地理						

续表

课程	课堂表现		计划执行			
	学生评价	自我评价	学生评价	自我评价	教师评价	家长评价
生物						
道法						

从那天开始，每节课后都会让同学对她进行评价，自己再打分。放学前小叶拿表格给我检查，每天我都根据她的表现，给予打分和评价。在这一周有进步，我会打电话跟家长表扬她，家长就满足她提出的合理要求。同时，家长也会对她一周的表现进行综合评价。如果连续两周有进步，我还会在班级里表扬她，再在全班同学面前保证她会有更大进步。在物质诱惑和自尊心的强大支撑下，通过自我管理法，她的课堂问题有所改进。

案例2：许多学生在面对考试时，缺乏明确的学习目标和计划，导致学习效率低下，成绩难以提高。为了帮助学生解决这一问题，笔者决定引导他们在考试前制定学习计划反馈表，培养良好的行为品质。笔者利用班会时间，向学生阐述了制定学习计划的重要性，一个明确的学习计划能够帮助学生更好地规划时间，合理分配学习任务，提高学习效率；同时还分享了一些成功的学习计划案例，激发学生制定学习计划反馈表的积极性。为了让学生更好地掌握制定学习计划的方法，笔者亲自为学生展示了一个完整的学习计划制定过程。以一门课程为例，笔者详细解释了如何根据考试内容、个人学习状况和时间安排来制定学习计划。学生纷纷表示，通过教师的示范，他们对如何制定学习计划有了更清晰的认识。笔者还私下指导几个行为品质比较好、有较好学习能力的孩子做计划反馈表，并利用“十一长假”发送学习反馈表，让他们自行安排学习计划，以期找出范例，进行对比分析，形成榜样作用，带动其他学生进行复习。笔者将学生分成若干小组，让他们围绕自己的学习计划展开讨论。在小组内，学生相互分享自己的学习计划，提出改进意见，共同完善。这一环节不仅让学生学会了如何制定学习计划，还培养了他们的团队协作精神和沟通能力。在学生制订好学习计划后，笔者定期跟踪他们的执行情况，并给予及时的反馈和指导，鼓励学生按照计划执行学习任务，遇到问题及时寻求帮助。同时，笔者还定期组织学生进行学习计划的交流和分享，让他们相互学习、共同进步。经过一段时间的引导和培养，学生逐渐养成了制定学习计划的习惯。他们在考试前的复习过程中，能够按照计划有序地进行学习，提高了学习效率。同时，学生的学习成绩也有了明显的提升，班级整体的学习氛围也变得更加浓厚。这一案例表明，教师在教育过程中应注重培养学生的自主性和计划性，让他们学会如何规划自己的学习和生活。同时，教师还应关注学生的个体差异，给予他们个性化的指导和帮助，以激发他们的学习潜能。在未来的教育实践中，我们可以继续探索更多有效的方法来培养学生良好的行为品质，帮助他们更好地应对学习和生活中的挑战。在以学校激励为主，家庭促进为辅的考前计划反馈表刺激下，学生的考试结果有点喜人，可见制订学习计划反馈表有利于成绩的提高，班级整体的学习氛围也变得更加浓厚。

（二）以人为本，将育人融入学科教学

笔者认为，德育工作可以结合学科特色进行开展，班主任要立足本学科课堂，捕捉时机。良好的教育时机往往能产生事半功倍的效果。作为一位化学教师兼班主任，笔者深知在日常教学中，除了传授学科知识，更重要的是培养学生良好的行为品质。在初三化学的课堂上，笔者注意到有些学生存在上课不认真听讲、实验操作中粗心大意、课后作业敷衍了事等不良行为。这些行为不仅影响了他们的学习效果，也对他们的未来发展造成了潜在的阻碍。因此，笔者决定在化学教学中，通过一系列活动来引导学生养成良好的行为品质。在每节课开始时，笔者都会强调课堂纪律的重要性，要求学生保持安静、专注听讲。通过实际案例，让学生明白专注力对于学习的重要性。同时，笔者会密切观察学生的听课状态，对于分心或打瞌睡的学生，会及时提醒并询问其是否需要帮助。在化学实验教学中，笔者要求学生严格按照实验操作规范进行实验，确保实验安全。对于粗心大意或违反操作规范的学生，笔者会进行严肃的批评教育，并让他们重新进行实验。通过这种方式，让学生认识到自己在实验中的责任，培养他们的责任心。为了培养学生的耐心和毅力，笔者会布置一些具有挑战性的化学作业，如复杂的计算题或需要深入思考的实验报告，这些作业需要学生花费一定的时间和精力去完成。笔者会鼓励学生遇到困难时不要轻易放弃，要坚持到底，通过自己的努力找到解决方案。在化学教学中，笔者还经常组织学生进行小组合作学习。通过小组活动，让学生学会与他人协作、分享和交流。在小组中，每个学生都有自己的任务和责任，他们需要相互帮助、相互支持才能完成任务。这种方式不仅培养了学生的团队精神，也让他们学会了如何与他人建立良好的合作关系。经过一段时间的教学实践，学生的行为品质有了明显的提升。他们上课更加专注、认真听讲；在实验中能够严格遵守操作规范、表现出强烈的责任心；在面对具有挑战性的作业时，他们不再轻易放弃，而是展现出坚持不懈的精神；在小组合作中，他们学会了相互协作、共同完成任务。通过化学教学培养学生良好的行为品质是一个长期而复杂的过程。作为班主任和化学教师，笔者需要不断探索和实践新的教学方法和手段，将行为品质培养融入日常教学；同时，还需要关注学生的个体差异和需求，给予他们个性化的指导和帮助。在未来的教学实践中，笔者将继续努力提升自己的专业素养和教学能力，为学生的全面发展贡献自己的力量。

（三）创设丰富的课余活动，践行户外实践

以教育学家陶行知先生提出的“生活教育理论”为例，他十分关注在实践中学习，学生自主形成良好习惯，简单地说就是在实践中养成良好习惯。

单一教育形式的教育效果并不理想，也难以达到养成学生良好行为品质的目的。因而

班主任需要结合课程进度，积极开展校园活动，在实践活动中暴露学生的不足，培养学生良好的行为品质。如在初一新生入学初期，可以组织“新学期，新动力”校园活动。活动中，请学生畅所欲言，说说他们期待中的初中学习生活，聊聊初中的学习规划。活动后，可将学生的规划张贴到公告栏，时刻提醒他们约束自己的行为，在初期养成自我管理的习惯。在重要的节假日前，开展校园联欢活动，如朗诵、演讲、辩论赛等，培养学生兴趣爱好。在阳光体育进行一段时间后，开展各种体能类活动，如健美操、两人三足、拔河等，培养学生良好品格和行为。一学年最好有一次大型集体活动，如军训、三防教育等，培养学生独立自主的行为……也可以邀请家长在学生大主题教育下，积极开展相关的亲子活动，学生在实践活动中自然而然会暴露出自己的问题，老师和家长及时进行有效地纠正与教育，这些活动都能有利于他们养成良好的行为品质。

（四）密切联系家长，形成教育共同体

班主任在平时的工作中，要时不时与家长沟通和交流，利用微信、QQ、电话甚至是面谈等方式互通信息，还可以采用家庭反馈表的形式，将学生取得的各种小成绩、荣誉表彰传给家长，共享学生的进步和快乐，反馈学生在校表现的同时，也能了解到学生原生家庭的现状，使得教育更有针对性。当发现学生有不良行为品质时，与家长的沟通也才更顺畅，更有针对性。在纠正学生不良行为品质的过程中，遇到问题也可以联系家长，全方位掌握学生的实际情况。只有了解到家长教育孩子的情况，才能在与家长的沟通中跟他们达成一致目标，让学生明白自己的不良行为不仅学校不认可，家长也不容纳，方能双管齐下，让学生有更迫切的动力去改进。对以上十分支持家校合作工作开展的家长，其孩子改进得越快，不良行为越少。可见，创造良好的家校沟通途径，营造良好的家校沟通氛围，特别有利于学生良好行为品质的养成。

四、结语

孔子曾说：“少成若天性，习惯如自然。”这就说明小时候的后天教育对一个人的影响很大。初中班主任正是学生后天教育的一大中坚力量，要始终抓牢一条“小细节，大德育”的主线。要密切与家长联系，深入观察，从细微之处入手，抓住重点、务实力行，致力于培养学生的良好行为品质。教育的最终目标是培养学生的自我管理、自我评价、自我教育、自我认可的能力，提高他们发现问题、分析问题和解决问题的能力。班主任若能以“自主”“理解”“包容”“轻松”等词汇作为自身主体性教育思想的重点，相信学生不良行为品质矫正工作的实效性将会更强。

参考文献

[1] 吴玲．巧用综合素质量化积分矫正初中生问题行为的实践［J］．成才之路，2009（11）．

[2] 王虎．构建“学校—家庭—社会”大德育体系：对教育责任分担和加强德育工作的思考［J］．发展，2014（12）．

[3] 郑爱香．教育的暖力量：初中班主任如何培养学生良好的行为策略研究［J］．魅力中国，2020（6）．

[4] 唐上观．初中生养成良好行为习惯的策略研究［J］．新课程，2020（13）．

[5] 王磊．科学学习与教学心理学基础［M］．西安：陕西师范大学出版社，2002.

项目七　学生人际交往辅导方法

人际交往是指人与人的相互作用和相互影响，具体的讲就是人与人相互提供产品或者服务。人际交往的范畴包括同事关系、亲属关系、雇佣关系、校友关系、朋友关系、同学关系、上下级关系等多种组合。人隶属于社会，人的社会属性是动物，每个人都是独一无二的，其思维方式都是独特无法复制的，每个人的成长历程、家庭背景、个性行为及个人价值观都有其独特性。

人际交往自始至终地贯穿着每个人的生活，包括人际交往的心理学、人际交往的原则、人际交往的重要性和必要性、人际交往的技巧和误区，这些都值得我们花时间和精力去钻研。

对于未成年的学生，人际交往似乎没有成年人那么直接和深入，但事实上，在学生的周围，人际交往已经成为当代中学生的必修课。时代飞速发展，从我自身而言，已经能明显感觉到，现在的学生已经不能和五年、十年、二十年前的学生相比。社会变了，人们的认知也在发生变化，家庭和社会对学生的要求不能一成不变，否则就成了纸上谈兵，没有实践价值，也失去了社会功能。

笔者工作的单位是一所初中学校。通常情况下，孩子在上中学的时候，父母已经进入中年。由于生活的时代不同、阅历不同，大家认识问题的角度、思考问题的方式也不同。身处深圳经济特区，这些孩子的家庭环境普遍比较优越，有独立的书房、卧室、各种功能先进的电子产品。他们在这样物质丰富的成长环境中就会更想得到精神层面的满足。

孩子们成长的主要场所就是家庭、学校。在家里，基本一家人都会满足他们的各种需求，所以孩子的主导作用凸显的很重要，而在学校就相反了，很多个小朋友组成一个班、一个学校，大家都差不多，也没有像在家里那种呵护备至、安逸随便，这是一方面的变化，还有另一方面就是，如何处理和小伙伴们的人际关系对初中阶段的孩子们非常重要，这个甚至会影响到他们将来的人生。和谐的人际关系和正常的交往能力鼓励人的精神，培养人的自尊心与自信心，提升个人的自我认同感，增进人的社会适应变通能力。反之，则会影响人的心理健康，甚至影响青少年的成长，破坏家庭和谐。因此，和谐的人际关系对个人、对集体、对社会都有着特殊意义。

现在中学阶段的孩子们正处于童年向成年过渡的青春期，他们强烈地需要逐渐从盲目听从父母的心理关系中独立出来，成为能够仔细思考、判断和解决自己所面临问题的一个人格独立的人。但在自主意识驱使下，在他们从家庭的保护走向社会生活的过程中，又常常会感到经验和能力的不足，这是很多孩子会在初中阶段遇到的问题。同时，青少年初期是培养集体主义情感的年龄阶段，处于这一阶段，孩子的主要倾向是摆脱父母、教师及其他长辈，融入地位与他们差不多的同龄人集体中，同伴间的友谊会使学生获得集体归属感。

由于中国家庭独生子女现象的增多，许多中学生社会化发展停滞在“自我中心”阶段，他们抱着“自扫门前雪”的态度，不愿意帮助别人，认为我不去麻烦别人，别人也别来麻烦我。他们把帮助别人的行为当成一种物质上的交换，在付出与回报之间斤斤计较。社会的发展速度飞快，导致人跟人的关系也慢慢变得网络化，由于受网络、社会的影响，学生处在这个是非难辨的社会中不知所措。只要有人在的地方就会存在一定的社交问题，适应者才能得以生存，这是一直以来存在的定律。但是现在大多数的孩子生长在备受宠爱的环境下，出现“长不大”、不懂得与人相处等问题，大多数孩子处于“亚健康状态”，如自私、不懂得感恩等。

初中生正处于青春年少、血气方刚的年龄阶段，处于存在依恋与独立两种倾向暂时冲突和对立的阶段，也是亲子关系崩塌的高发阶段。由于心理上的不成熟，孩子可能会产生逆反心理，让他们不愿意与父母沟通，进而与父母产生矛盾；甚至有可能促使他们采用激烈、极端的方式来处理彼此的关系，从而激化矛盾、爆发冲突。已有研究表明，很多中学生感到与父母的沟通存在困难，在一些问题上与父母更是缺乏沟通。与父母之间的良好沟通有助于中学生适应心理发展，更有助于良好亲子互动模式的形成和建立，这对中学生的心理发展有着重大的意义。

一、学生心理发展特点

青少年正处在人生发展的冲突阶段，他们在心理上渴望自立，但在现实生活中仍然需要依赖父母。虽然渴望与人互动，但又觉得周围的人无法理解自己，自我封闭。在人际交往中，常常情绪化，冲动行事，但事后却无法挽回。根据李爱华的研究，学生的精神困扰正在逐渐加剧。其中，人际交往的困扰成为对他们精神健康最主要的威胁。学生的社交困扰对他们产生了深远的影响。这不只会对学生的社交产生影响，同时也可能对他们的学业乃至日常生活产生影响。学生在人际关系上遇到困扰时，轻度的表现是选择逃避那些可能导致人际关系破裂的环境，他们会寻找其他宿舍或者其他班级的同学或教师进行交流，或者将注意力转移到学习上，以此来避免与人交往。严重的症状包括食欲不振、失眠、焦虑、抑郁、无法专心学习，甚至有可能选择转学或者退学。所以，只要学生能建立起健康

的社交网络，对他们的情绪管理和行为调整就都具有深远的影响。

初一学生刚刚从小学生的阶段过渡为中学生，摆脱了幼稚逐步走向成熟。他们的人际观念和人际关系也由幼稚简单走向成熟复杂。在交友数量方面，初中生的交友愿望很强烈。由幼儿时期的大家都是好朋友一起玩，变为喜欢交知心朋友，交流自己的生活和学习，出现了所谓的“挚友”。许多人相知一生的挚友，通常都在初中阶段产生并发展了终身的朋友关系。在择友标准上有所调整，中学的友谊是以感情的共鸣和体验为选择标准。物以类聚，人以群分。物以类聚也是在这个时期凸显出来，通常选择性格相投、志趣一样的同伴作为朋友，这时的友谊是出于个性发展的相投，与小学阶段完全不同，不是与小伙伴分享食物、秘密的需要，而是在精神层面的需求满足感。在对人际关系的通性方面，中学生较重视自己在小团体的地位，由于自我意识发展开始深入自己的内心世界，自尊逐渐增强，开始关注自己外在的形象，包括发型、着装等，希望自己在集体中被小伙伴认可和尊重，从而收到较好的评价和心理地位。

二、影响学生人际关系的原因

造成学生人际关系问题的因素很多。从当事人的角度分析，主要表现为以下 5 个方面。

（一）自卑心理

一些学生因为深深的自卑感，不敢在同学们面前展示自我，只和少数人交谈。受这种胆怯的心态影响，他们的言行举止显得有些迟缓，其他人对此会感到不满。

（二）情绪控制能力较差

一些学者对学生进行研究并询问了他们对某个学生的反感程度。研究结果表明，某些学生被其他人反感是因为他们的情绪波动过大。部分学生过去并没有住校经验，他们始终和家长共同居住，因此他们的生活模式相对独立。在一夜之间，学生从原有生活的环境中迁移，无法避免会遭遇各种困扰。此刻，如果有学生将与父母的互动方式引入校园，会使得他对于周围环境充满不适应。如果其他学生对他的无理行为感到愤怒，或者认为他是一个充满危险的人，那么这可能会导致他在宿舍中被大家排挤。

（三）未承担自我责任

让某些学生会受到排挤的行为，除了发怒，还包括他们一些在寝室内没有保持个人卫生的生活习惯。一部分同学觉得宿舍的整洁度应该由其他同学负责，因为他们自身在家里都不能保持良好的卫生习惯，那又何必强求他们在学校中保持清洁呢？甚至，他们还会因为其他同学未能在宿舍内清理掉垃圾而寻求理由，拒绝保持良好的卫生习惯。当学生整理自己的床铺或是清理自己的卫生区域时，如果马虎对待，疏忽大意，导致宿舍得分降低，那么其他的同学就会联合起来进行反击，最终，他们可能会不愿意和这样的学生待在一个宿舍，孤立这样的学生。

（四）个性过于突出

一些学生比较个性化，他们的宿舍生活没有规律，并且期望他人能够遵循他们的生活路径。例如，当其他人正在休息的时候，他们却在玩手机或者交谈。当其他人沉浸于梦乡的时刻，他们却选择了起身活动，而忽视了其他人的情绪。

（五）对他人期望过高

当个人有困难的时刻，学生不能牺牲个人的权益去伸出援手。例如，当学生阅读资料的时候，他们可能觉得自己已经阅读了很长一段时间，因此向他人提出要交换书籍阅读。然而，如果他们被拒绝，他们可能会感到愤怒并与他人发生争吵。学生总是对他们频繁的小情绪感到困扰，导致他们的人际关系出现问题。

以外部因素为基础进行分析，可以得出以下结论：

（1）身边的同学们没有做到宽以待人。学生对于公正的渴望很强烈，一旦发现生活中有些许的不公正，就会产生内心的不满，进而采取不适当的行动。对于他们不喜欢的人或事物，他们会产生强烈的反感，这种反感体现在他们的言辞和举止上。

（2）缺乏个人的独立性和判断力，总是盲目地追随潮流。在看到周围的学生遭受集体排斥时，往往不会去深思这个学生是否真的令人反感，反而是对他持有同样的排斥态度。学生既忧虑与受到排挤的人接触可能导致他人的反感，又在内心深处暗示：受到排挤的学生其实并非优秀，应该远离他们。

三、处理学生的社交问题

针对以上原因，有以下的方法可以帮助学生解决他们在人际交往中遇到的问题。

（一）缓解学生因为人际关系问题带来的不良情绪

首先，指导相关人员舒缓学生的身心压力。在遇到人际关系问题后，学生第一次踏入心理咨询室，他们的反应通常是极度紧张和忧郁的。所以，要首先通过放松治疗让受害者的心态得到缓解。这个概念的基础在于：一个人的感受可以被“情绪”和“身体”这两种元素构成。如果我们能够调整“身体”的反应，那么“情绪”也会相应地改变。对身体的反馈，“内脏内分泌”系统的反馈是由自我调节的，而“随意肌肉”的反馈是由人的思维所决定的。换句话说，通过个体的思维，我们能够管理“自由肌肉”，然后在一定程度上让“感情”放松，从而营造出一种舒适的精神环境。“放松疗法”的基本理念是通过意识

控制来使肌肉得到放松，同时间接地缓解紧张的情绪，从而实现心理的轻松，这对身心健康有益。

曾经有一位女同学因为人际关系的破裂而来到心理咨询室，当时她的情绪非常紧张。她的双臂如同一只巨大的拳头并拢在一起，双腿无法控制地猛烈跳动，整个人都保持在一种极其紧张的状况。所以，教师应该优先进行舒缓的训练，以便使参与者的情绪得到缓和，接着，心理咨询师会与他们一起应对并处理这些问题。在进行放松训练的同时，利用换坐空椅子的方式能够协助参与者释放他们的情感。这是格式塔流派中经常采用的一种技巧，也是让参与者感受到内在和外在的一种手段。通过使用两张椅子，通常会让参与者先坐在一张，作为“胜利者”的角色，接着转移至另一张，作为“失败者”的角色，从而实现参与者与他们扮演的角色之间的连贯交流。采用此策略，可以让参与者深入感受矛盾，并且，因为参与者在角色扮演的过程中，有能力从多个视角去理解并融入“胜利者”和“失败者”，因此矛盾也就能够被化解。经由双方的交谈，能够将人类的内心矛盾和冲突提升到更高的水平，也就是说，应该学会接受这样的矛盾，让它们共生共荣，而非试图抹杀一个人的一些个性。比如，一个女孩因为她的朋友总是无休止地对她发脾气，她感到非常无奈。然而，由于她的朋友是她最亲密的伙伴，他总是会去向她表示歉意。然而，随着时间的推移，她感到非常疲惫。在这个时刻，利用空间椅的工具来协助受害者释放她的感受，然后指导她采取与她的真正意图相匹配的举动。

（二）改变学生不合理的认知

美国知名的心理学专家埃利斯提出了一种叫作合理情绪治疗的心理辅导方式。根据其理论，人们的情绪困扰并非源于外部事件，而是源于他们对事件的看法、态度和评价等认知因素。因此，我们不应该只关注改变外部事件，而应该改变我们的认知，通过这种改变，可以改变我们的情绪。人的感受和动作都是由他们的思维和观点所决定的。在所有的观点与思考之中，都包含了大众对某一类别的普遍认知，这便是我们所说的信仰。理智的观点能够激发人们对事物的恰当且适宜的感情反馈，然而，不恰当的观点则会产生不恰当的感情和行动反馈。如果人们始终坚守一些不恰当的观点，并且长期处在负面的心境中，那么最后可能会引发情绪问题。咨询员教导被援助者如何进行逻辑推导和解读时，要让他们掌握如何以公正和逻辑的思维方式取代过时的不合逻辑的思维。比如，一个学生前来进行心理咨询。她的心情极度兴奋，感到周围的人都过于自我，没有一丝的关心和帮助，感到这个班比过去的初中时期更加凝聚。依据合理情绪疗法的理念，我们的情绪困扰源于当事人对事物的观点和态度。因此，教师可以首先向当事人解释了合理情绪疗法的理念，接着向她阐述她现在遭受情绪困扰的根源是自身的不合理信念（对周围学生的过分期待和过度概括自己的现状）。其次，通过引导帮助当事人发现其负面情绪背后的不合理信念，并通过与这些不合理信念的辩论来解决问题。让当事人认识到他们信仰的不合理性，协助他们建立合理的信仰来取代不合理的信仰。最后，为了协助受害者改变过去的思考模式以及不合逻辑的观点，需要研究是否仍然存在其他不合逻辑的观点并对此展开辩论。这样，受害者就能够掌握并逐步形成与不合逻辑观点争论的技巧，以合逻辑的方式替换不合逻辑的思考，从而协助受害者更顺利地完成学校生活和学业。

（三）倾听学生的心声

倾听学生心声的策略适用于那些在课堂上未出现严重失误却在课堂上受到排挤的学生。这类学生在班级里并不受到其他学生的喜爱，很少有人愿意与他们交流，他们在班级里常常感到孤独和无助，感到失落和迷惘，无法找到爱和归属感。根据马斯洛的需求分层理论，对于归属感和爱的渴望其实是每个人必须拥有的情绪。当这些需求缺乏时，人们往往会感到迷惘和失落，进而变得忧郁，更不会去寻找实现自我价值的机会。换句话说，当感到自己的归属和被爱的需求未得到满足时，我们是无法考虑提升自我修养或者确定自我价值的。因此，教师可以与受害者建立良好的沟通联络，使他们在此过程中感受到被爱与被认同的快乐。当与相关人员建立沟通联系时，人本主义是一种比较有效的策略。人本主义主张“以人为本”。这需要教师站在学生的立场上去思考问题，并且真诚地理解他们的观点。实际的理解能让双方感到亲切和尊重，无论是用语言形式还是非语言形式进行表达，都能够传递出我们对他们的认识。心理咨询师应当无条件地关注求助者。

在日常的人际交往过程中，常常需要有人充当倾听者，“听”似乎是最简单的事了，但果真如此吗？其实作为父母也需要学习，学会倾听孩子的心声是帮助孩子度过困难时期的一个重要的方法，而且父母的力量举足轻重，一般而言，如果孩子在心理或人际交往方面有问题，那么他们的家长一般来讲也有类似的问题。孩子是父母的一面镜子，孩子的身上总能找到父母的影子……在繁体字“听”中，包含了人体的三个器官“耳朵、眼睛、心脏”，让学生从整体上把握倾听要做到“用耳朵听、用眼睛观察、专心致志”。学会倾听也是人际交往过程中很重要的一个良好习惯。倾听者要保持耐心，倾听时，眼睛要和对方进行目光交流，不能低头回避或者看着其他地方，并且需要让对方把话说完，不能随意打断对方的谈话，这是一种修养，更是一种提升人际关系的小技巧。同时，在交流的同时可以给予适当的反应，注意变换答语，比较优选的回答是“是的”“没问题”“我很赞同你的想法”等肯定词，而不是一味地附和对方说“对对对”“嗯嗯嗯”“是是是”甚至是不应答，注意这些细节能让人际关系快速提升。一方面适当地提问可以使表达者有兴趣讲下去；另一方面可要求对方补充说明，从中得到更多的信息。多描述少评论，可以用自己的话简要复述对方所说的内容。其他倾听时的非语言技巧，如停下手中正在做的事，专心地倾听，这不仅是对表达者基本的尊重，也会激发对方更强烈的表达欲望。身体面向对方，并适当前倾，让对方感受到你在洗耳恭听。在与人交流时候应该保持彼此目光触碰，一方面表示对谈话内容感兴趣，另一方面可以增长个人见识、增进人际关系。需要注意的是，不能一直直视对方眼睛，目光应间或性地在对方脸上适时转移。在和他人交流时，保持开放的姿势。尽量避免双手交叉在胸前，这个动作会让人产生距离感，拒人于千里之外。并且可以

利用适当的肢体语言来表达自己的内心，可以是适度的面部表情回应，如微笑、点头、眼神变化等来表达对话题的接纳态度。综上所述，良好的人际关系来源于个人修养、个人见识等，需要我们不断地去学习和调整自身的处事方式、方法，注意人际交往的礼仪、技巧，学会倾听、学会微笑、学会宽容待人、学会换位思考，学会表达对他人的欣赏……帮助他人建立自信心的同时我们也赢得了良好的人际关系，获得了他人的信赖，赢得了友谊。这点无论对于大人还是小朋友，都一样适用。

针对涉及者的精神困扰，不能采取责备的方式，反而要展示出深深的同情和无尽的关怀。在进行心理咨询时，需要保持真诚的态度与咨询者进行交流，以便学生能够感受到安全的咨询环境。在一个安全的环境中，激励人们大胆地表达自己的消极和积极情绪，以实现自我认知和自我理解的目标。比如，一个学生的性格过于内敛，在与他人的互动中显得有些害羞，他的同学注意到该学生的反应速度较慢，不喜欢开口，因此不喜欢与他交流。他在学校的生活和学习过程中感到非常困难，觉得没有人能理解他，也没有人能关心他。他内心深处非常希望与其他同学交流，但是他不知道如何与他们交流。这类学生还有很多，他们在学校中产生了许多消极的情绪，他们的内心渴望得到温暖和他人的关心。在其他同学未接纳他们之前，心理咨询师已经构建了与受访者的联系，确保受访者在学校中有一个舒适的环境来感受到关怀和照顾，这样，受访者将获得坚实的精神援助，从而为他们在学校的生活和学业提供动力。

（四）提高学生人际交往的水平

为了进行积极的社交互动，需要掌握相关的社交技巧。人与人之间的社交技巧是每位同学在社会互动的过程中所必须掌握的，并且这些技巧都是以前的研究者们所积累的实践经验。例如，关于人与人之间的互动心理学原理（包括感觉、沟通、吸引力等）以及关于社会礼节的基本原则等。在学生的视角中，他们的世界观、人生观还没有完善，因此在应对各种事务和挑战的过程中，往往无法采取高效的策略。在这个时候，教师可以适当地教授一些专业的人际交往技巧给学生。例如，一个学生为了获得他人的注意，常常在公共场合大声说话和发出嬉笑声，他认为这样的做法会让同学们认为他是一个乐观的人，会得到大家的喜爱。其实事实是相反的，这种方式是一种不正确的社交策略，教师要教导学生如何进行换位思考，保护他人的利益，真诚地赞赏他人，并且帮助他人。

案例1：小明（化名）是一名初中三年级的学生，平时性格内向，不擅长与人交流。在班级中，他总是独自一人，很少主动与同学交往。在人际交往中，他常常感到紧张不安，缺乏自信，甚至有时会因为一些小事情和同学产生矛盾。为了帮助他克服人际交往障碍，笔者作为班主任，决定对他进行有针对性的辅导。首先，笔者通过日常的交流和关心，与小明建立了信任关系。笔者主动了解他的家庭情况、兴趣爱好等，让他感受到我的关心和真诚。在此基础上，笔者逐渐引导他敞开心扉，分享自己在人际交往中的感受。通过与小明的交流，笔者了解到他的人际交往障碍主要源于他的自卑心理。他担心自己的言行会引起别人的嘲笑或反感，因此总是避免与人交往。针对这一问题，笔者帮助他分析了自己的优点和不足，引导他正视自己的优点，增强自信心。同时，笔者还为他制定了一些具体的交往策略，如主动与同学打招呼、参加班级活动等，以帮助他逐渐融入集体。为了让小明更好地掌握人际交往技巧，笔者组织了一些模拟实践活动。例如，在班级中组织小组讨论，让小明担任小组长，负责协调和组织小组成员的发言。通过这些活动，小明逐渐学会了如何与人合作、如何倾听他人的意见、如何表达自己的观点等。笔者还与小明的家长进行了沟通，向他们讲明了小明在人际交往方面存在的问题，并请他们在家中也给予小明一定的支持和鼓励。家长表示会积极配合学校的辅导工作，共同关注小明的成长。经过一段时间的辅导，小明在人际交往方面的表现有了明显的进步。他变得更加自信，能够主动与同学交往，积极参与班级活动。在模拟实践活动中，他也能够很好地完成任务，展现出良好的团队合作能力和沟通技巧。同时，他也得到了同学和家长的认可和赞扬。

初中生存在人际交往障碍问题是一个常见的现象，需要教师给予学生足够的关注和辅导。在辅导过程中，教师要深入了解学生的内心世界，帮助他们分析问题的原因，制定具体的辅导策略。同时，教师还要注重培养学生的自信心，增强他们的沟通能力，让他们能够更好地融入集体，与他人建立良好的关系。此外，家校合作也是解决这一问题的重要途径，教师需要与家长保持密切的沟通，共同关注学生的成长。

案例 2：作为一名化学教师兼班主任，笔者注意到班上有位叫小叶（化名）的同学存在人际交往障碍的问题。他性格内向，不善于与同学沟通、交流，常常独自坐在角落，显得孤独而落寞。他的学习成绩中等，但在化学科目上表现较为突出。交往问题不仅影响了他的学习和心情，也阻碍了他个人的成长和全面发展。因此，笔者决定利用专业知识和班主任的职责，对他进行有针对性的辅导。笔者开始记录小叶在不同社交场合下的行为反应，以便更好地理解他的行为模式。了解情况后，笔者主动接近小叶，与他进行深入的交流。通过倾听他的心声，笔者了解到他对人际交往感到恐惧和不安。为了建立彼此间的信任关系，笔者向他表达了我的关心和支持，并承诺会帮助他解决这一难题。在化学课堂上，笔者特别注意激发小叶的学习兴趣。笔者设计了一些有趣的化学实验，让他参与其中，并鼓励他发表自己的观点和想法。当他取得进步时，笔者会及时给予肯定和表扬，让他感受到自己的价值和能力。为了帮助小叶更好地融入集体，笔者组织了一些小组活动，如化学实验小组、学习小组等，特意安排小叶与一些性格开朗、乐于助人的同学组成小组，让他们共同完成任务，互相学习和交流。通过这些活动，小叶逐渐学会了与人合作、分享和交流。笔者还主动与小叶的家长建立家校联系，他们表示会积极配合学校的辅导工作，共同促进小叶的成长。经过一段时间的辅导和关注，小叶的人际交往能力有了明显的提升。他变得更加自信、开朗，能够主动与同学交流、合作。在化学课堂上，他也积极参与讨论和实验，展现出了良好的学习态度和合作精神。同时，他也得到了同学和家长的认可和赞扬。

四、结语

作为教师，不仅要关注学生的学科知识学习，更要关注他们的心理健康和人际交往能力。教师应该利用自己的专业知识和教育智慧，通过具体的教学活动和组织形式，帮助学生克服人际交往障碍，培养他们的自信心和合作精神。同时，教师也需要与家长保持密切的沟通与合作，共同为学生的成长和发展而努力。

参考文献

[1] 李爱华．中专生心理健康与生活事件、个性特征的关系研究［D］济南：山东师范大学，2005.

[2] 马惠霞，沈德立．人际心理素质探讨［J］中国临床心理学杂志，2006（10）.

项目八 学生自信训练途径和方法

一、引言

（一）研究背景和意义

自信是指一个人对自己的能力、价值和判断力有积极、肯定的信念和自我评价。在学习和工作中，自信是一个非常重要的因素，它可以帮助人们在面对挑战和压力时，保持积极的心态，并取得更好的成绩和表现。因此，研究学生自信训练的途径和方法具有重要的意义。

研究学生自信训练的途径和方法是十分必要的，可以帮助学生更好地发挥自己的潜力，促进个人和社会的发展。

（二）研究目的

研究学生自信训练的途径和方法的目的在于帮助学生培养自己的自信心，从而促进他们的学习和发展。具体而言，研究的目的包括以下方面。

1. 确定有效的自信训练途径和方法

通过研究，可以找到有效的方法来培养学生的自信心，帮助他们克服自我怀疑和消极情绪，增强自己的能力。

2. 探索适用于不同类型学生的自信训练策略

学生的个性、特点和背景各不相同，因此需要研究不同类型学生的自信训练策略，以满足他们的需求。

3. 分析自信训练对学生学业成绩和个人发展的影响

通过研究可以评估自信训练的效果，分析其对学生学业成绩、自我认知和个人发展的影响，从而为教育实践提供依据。

二、学生自信的概念和重要性

（一）学生自信的定义

学生自信是指学生对自己的能力、价值和判断力有积极、肯定的信念和自我评价。自信的学生通常表现出如下特点。

1. 自我认知能力强

自信的学生对自己的优点和缺点有清晰的认识，能够准确评估自己的能力水平。

2. 乐观向上

自信的学生具有积极向上的心态，能够在挫折和困难面前保持冷静和乐观。

3. 勇于尝试

自信的学生敢于尝试新的学习方法和挑战自己，不怕失败，勇往直前。

4. 自律自觉

自信的学生具有较强的自我管理意识和行动力，能够主动规划并实施学习计划。

总之，学生自信是一种积极的、健康的心态和行为表现，对学生的学习和个人发展都具有重要的意义。

（二）学生自信的重要性

学生自信的重要性体现在多个方面。

1. 学习动力

自信的学生更有动力去学习和探索新知识，因为他们相信自己有能力克服困难，取得成功。

2. 抗挫折能力

自信的学生更容易应对挫折和失败，他们不会轻易放弃，而是会寻找解决问题的方法，并从中吸取经验教训。

3. 自我激励

自信的学生能够给自己鼓励和肯定，这种内在的自我激励可以帮助他们更好地坚持下去，从而实现自己的目标。

4. 社交能力

自信的学生更愿意和他人交流和合作，他们能够更好地表达自己的观点，建立良好的人际关系。

在学校教育中，培养学生的自信心是教育工作的一个重要任务。教师和家长可以通过肯定学生的优点和努力，给予他们鼓励和支持，帮助他们建立自信心。

三、训练途径和方法

（一）积极思考

积极思考是指以一种积极、乐观和建设性的态度来看待事物、问题和挑战，从而寻找解决问题的方法和机会。

1. 积极思考的特点

积极思考的特点如下。

（1）乐观态度。积极思考者倾向于看到事物的积极方面，对未来充满信心，相信困难和挑战都是暂时的，而不是永久的。

（2）解决问题的能力。积极思考者注重寻找解决问题的方法，他们专注于问题本身，并寻求积极的解决方案，而不是被问题困扰。

（3）自我激励。积极思考者能够给自己正面的鼓励和肯定，他们相信自己有能力克服困难，并对自己的能力和价值保持乐观态度。

（4）建设性反馈。积极思考者习惯性地给予自己和他人正面的反馈和鼓励，帮助他们保持积极的心态和动力，同时也能够激励他人。

（5）自信与坚韧。积极思考者通常具有较高的自信心和抗挫折能力，他们能够在困难面前保持镇定和坚韧，不轻易放弃，寻找进步的空间。

2. 积极思考的影响

总的来说，积极思考是一种基于乐观和建设性的心态，能够帮助个人更好地应对生活中的挑战，发现机遇，提升自我，以及维持积极的生活状态。因此，积极思考对学生的自

信心有着积极的影响，具体表现如下。

（1）建立积极的自我认知。积极思考鼓励学生对自己的能力和价值保持积极的看法。通过积极思考，学生能够认识到自己的潜力和优点，并相信自己可以克服困难和取得成功。这种积极的自我认知有助于培养学生的自信心。

（2）抗挫折能力的提升。积极思考使学生更加灵活和乐观地应对挫折和失败。他们将挫折看作学习和成长的机会，而不是打击自信心的因素。积极思考者会从失败中吸取教训，寻找解决问题的方法，并坚持努力，这样可以提高他们的抗挫折能力，增强自信心。

（3）积极面对学习挑战。积极思考使学生能够积极面对学习中的挑战和困难。他们把困难看作学习过程中的一部分，相信自己有能力克服难题。这种积极的思维方式鼓励学生尝试新的学习方法和策略，追求更高的目标，从而提高学习成绩，培养自信心。

（4）自我激励和肯定。积极思考者会给予自己激励和肯定，相信自己可以取得进步和成功。这种自我激励和肯定增强了学生的自信，使他们更有动力去追求学术上的成就。

综上所述，积极思考对学生的自信心有很大的积极影响。能建立起健康、稳固的自信心，可以使他们更好地实现个人的人生目标，获得快乐成长。

（二）正向反馈

正向反馈是指对他人的行为、言论或表现给予积极的评价、肯定和支持。

1. 正向反馈的作用和效果

正向反馈可以产生多方面的作用和效果，包括以下方面。

（1）增强自尊心和自信心。正向反馈能够提高个体的自我价值感和自信心，使其更有勇气尝试新事物、挑战更高难度的任务，并相信自己能够成功。

（2）增强行为动机和提高积极性。得到正向反馈会增强个体的学习、工作或社交的积极性和动机，因为个体会感受到自己的努力和付出得到了认可，并且会希望继续获得更多的正向反馈。

（3）建立积极的关系。正向反馈有助于建立积极的人际关系，增加人们之间的信任感，使人们更愿意与他人合作、分享劳动成果。

因此，积极地给予他人正向反馈，可以对个体的成长和发展产生积极影响，同时也有助于营造积极的学习、工作和生活氛围。

2. 正向反馈的实施

教师和家长可以通过以下几个方面来给予儿童、学生正向反馈。

（1）清晰明确的表扬。教师和家长可以在适当的时间和场合对儿童、学生的优点、成就进行清晰明确的表扬。表扬语言要尽量具体、直接、真诚，并且要注重表达对他们的认可和支持。

(2) 鼓励积极行为和表现。教师和家长可以通过鼓励儿童、学生的积极行为和表现，来促进他们的成长和发展。例如，在儿童、学生做出积极行为时，可以给予鼓励和赞扬，这样可以增强他们的自信心和动机。

(3) 提供支持和帮助。教师和家长可以提供必要的支持和帮助，帮助儿童、学生克服困难和挑战，使他们更有勇气和信心去接受新的挑战和机会，从而取得更好的成绩。

(4) 倾听和理解。教师和家长应该倾听和理解儿童、学生的需求和感受，尊重他们的个性和差异，并给予他们充分的支持和鼓励。这样可以帮助儿童、学生建立健康的自我认知，培养他们的自信心。

总之，教师和家长可以通过清晰明确的表扬、鼓励积极行为和表现、提供支持和帮助、倾听和理解、创造正向环境等方面来给予儿童、学生正向反馈，从而促进其成长和发展。

(三) 设定合理目标

目标设定对学生自信的影响是非常重要的。当学生设定并实现自己的目标时，他们会感到更有动力和成就感，从而增强自信心。

1. 目标设定对学生的影响

以下是目标设定对学生自信的影响。

(1) 增强动力和提高积极性。设定目标可以给学生提供明确的方向和动力，激发他们的学习兴趣和积极性。当学生看到自己在逐步接近目标时，会感到更有动力和意愿去努力实现目标，从而增强自信心。

(2) 塑造自我认知。通过设定目标和努力实现目标，学生可以更清晰地认识自己的能力、优势和劣势，建立起积极的自我认知。这种正面的自我认知有助于增强学生对自己的信心。

(3) 成就感与自信心。当学生成功实现一个个小目标时，会产生成就感，这种成就感会积累起来，慢慢地增强学生的自信心。学生会意识到自己的能力可以得到实现，从而对自己的能力和价值有更高的认可。

(4) 迎接挑战与克服困难。设定目标可以帮助学生面对挑战和困难时更加坚定和勇敢，因为他们知道这些挑战是实现目标路上的一部分。当学生克服困难和迎接挑战时，他们的自信心也会得到增强。通过设定具体、可行的目标，学生可以获得更多的动力和成就感，塑造积极的自我认知，增强自信心，以更好地应对学习和生活中的各种挑战。

2. 学生设定目标的实施措施

相应实施措施主要包括以下几个方面。

(1) 了解学生现状，设定个性化目标。每个学生都是独一无二的，他们的学习能力、

兴趣爱好、性格特点都有所不同。因此，在设定目标之前，教师需要深入了解每个学生的现状，包括他们的学习基础、学习习惯、心理特点等。只有充分了解学生，才能为他们设定符合个人特点和发展需求的目标。

（2）设定目标要具体、明确、可衡量。一个好的目标应该是具体、明确、可衡量的。具体来说，目标应该包含明确的行动步骤、预期成果和完成时间。这样的目标可以帮助学生更好地理解和执行，同时也能让他们更清楚地看到自己的进步和成就。

（3）设定目标要具有挑战性和可实现性。目标既要有一定的挑战性，又要具有可实现性。挑战性的目标可以激发学生的学习动力，让他们愿意付出更多的努力去实现。同时，目标也要具有可实现性，避免过高或过低的目标让学生失去信心或感到无聊。

（4）定期评估和调整目标。目标的实现需要时间和努力，过程中难免会遇到困难和挫折。因此，教师需要定期评估学生的目标完成情况，及时发现问题并进行调整。对于完成好的目标，可以给予肯定和鼓励；对于未能完成的目标，要帮助学生分析原因，找出解决办法，并调整目标或行动计划。

（5）提供支持和帮助。在实现目标的过程中，学生可能会遇到各种困难和挑战。作为教师，需要为学生提供必要的支持和帮助，包括学习资源、学习方法、心理辅导等。通过提供支持和帮助，教师可以增强学生的信心，让他们更有勇气面对困难和挑战。

（6）注重学生的自我反思和总结。在每个阶段或目标完成后，鼓励学生进行自我反思和总结。这有助于他们认识到自己的进步和不足，从而调整学习策略和目标设定。同时，通过分享自己的经验和故事，学生之间可以相互学习、相互激励，形成良好的学习氛围。

通过目标的实现来培养他们的自信心。这样不仅可以提高学生的学习效果，还能促进他们的全面发展。

（四）适度挑战

适度挑战是指为个体提供既不过于简单也不过于困难的任务或目标，以激发其学习和成长，促进个体的最佳表现。教育和培养过程中，给予个体适度挑战的机会，有助于激发其学习兴趣和动力，促进其全面的成长和发展。适度挑战对学生的自信有着积极的影响，可以帮助学生建立积极的自我认知，增强自信心，并激发他们的成长和发展。

1. 适度挑战对学生自信的影响

适度挑战对学生自信的影响如下。

（1）建立积极的自我认知。适度挑战可以帮助学生更清晰地认识自己的能力和潜力。通过面对适度挑战并成功应对，学生可以更准确地评估自己的能力，并建立积极的自我认知，从而增强自信心。

（2）迎接挑战与克服困难。适度挑战能够帮助学生培养克服困难和迎接挑战的能力，使他们在挑战中获得成功的经验。这种成功经验可以增强学生的自信心，让他们相信自己有能力面对更大的挑战。

（3）增加成就感。通过完成适度挑战，学生可以获得成就感和满足感，这有助于增强他们的自信心。每一次成功的挑战都会为学生的自尊和自信心增添一份底气。

（4）培养积极心态。适度挑战可以培养学生积极的心态和应对挑战的勇气，使他们愿意主动面对各种学习和生活中的困难，从而增强自信心。

2. 适度挑战的相应实施措施

适度挑战可以帮助学生建立积极的自我认知，增强自信心，并培养积极的心态和提高应对挑战的能力。相应实施措施主要包括以下几个方面。

（1）了解学生能力，设定合理挑战。首先，教师需要深入了解每个学生的能力水平和学习特点，以便为他们设定合适的挑战。挑战的难度应该适中，既不能过于简单，让学生觉得没有挑战性，也不能过于困难，以免打击学生的自信心。

（2）个性化挑战，满足不同需求。每个学生的兴趣和目标都不尽相同，因此，教师在设定挑战时应该考虑到学生的个性化需求。例如，对于化学学科，可以根据学生的兴趣和实际水平，设计不同的实验任务或研究项目，让学生能够在自己的兴趣领域内获得成长。

（3）逐步增加难度，培养适应能力。在设定挑战时，教师可以采用逐步增加难度的方式，让学生在面对挑战时能够逐渐适应，提高应对挑战的能力。这样可以避免一次性给予学生过大的压力，同时也能够让学生看到自己的进步和成长，从而增强自信心。

（4）提供支持和资源，帮助学生应对挑战。在学生面对挑战的过程中，教师应该给予必要的支持和资源，包括提供指导、建议、学习资料等。这可以帮助学生更好地应对挑战，减少挫败感，从而保持积极的学习态度和自信心。

（5）及时给予反馈和鼓励，增强自信心。当学生完成挑战任务后，教师应该及时给予反馈和鼓励。对于学生的努力和成果，教师应该给予肯定和赞扬，让学生感受到自己的进步和成功。同时，教师也可以针对学生的不足提出建设性的意见和建议，帮助学生进一步提高。

（6）引导学生自我反思和总结，提升自信水平。在挑战结束后，教师可以引导学生进行自我反思和总结，让他们回顾自己在挑战过程中的表现和经验，分析自己的优点和不足，并思考如何进一步提高自己的能力和增强自信心。这样的过程不仅可以帮助学生更好地认识自己，也可以提升他们的自信水平。

综上所述，通过适度挑战设定训练学生自信的相应措施时，应该综合考虑学生的能力、兴趣和需求，提供个性化的挑战任务，并在过程中给予必要的支持和反馈。这样不仅可以帮助学生提高自信心，也可以促进他们的全面发展。

（五）锻炼身体

锻炼身体和学生的自信有着密切的关系，它可以通过多种途径促进学生的自信心和积

极心态。

1. 锻炼身体对学生的影响

(1) 身体素质的提升。通过锻炼身体，学生的身体素质得到提升，如肌肉力量、耐力、灵活性等。当学生感受到自己的身体状态有所改善时，会增强他们对自己的自信。

(2) 迎接挑战的经验。许多体育项目需要克服困难和迎接挑战。通过攻克各种运动项目中的困难，学生可以获得成功的经验，这有助于培养他们的自信心。

(3) 积极的身心状态。锻炼身体有助于释放压力、保持积极的身心状态，使学生可以自信地面对学习和生活中的挑战。

(4) 团队合作与自信心。参与体育运动通常需要团队合作，通过与他人合作、共同努力取得成绩，学生可以增强自己的自信并建立对团队的信任感。

2. 锻炼身体的实施措施

锻炼身体可以提升学生的身体素质，培养团队合作精神，同时也是一种迎接挑战和克服困难的方式，这些都对学生的自信心产生着积极影响。相应措施主要包括以下几个方面。

(1) 制订个性化的锻炼计划。每个学生的身体状况、运动能力和兴趣都不同，因此，教师需要根据学生的特点制订个性化的锻炼计划。这样不仅能确保学生在锻炼过程中得到适当的挑战，也能避免过度运动导致的伤害。个性化的计划能让学生感受到自己的独特性被尊重，从而有助于增强自信心。

(2) 选择多样化的锻炼项目。身体锻炼不仅包括传统的跑步、跳绳等有氧运动，还可以包括瑜伽、舞蹈、球类运动等多种项目。教师可以根据学生的兴趣和需求，引导他们尝试不同的锻炼项目，让他们发现自己在不同运动项目中的潜力和优势，从而增强自信。

(3) 设定明确的锻炼目标。目标是锻炼的动力来源，也是提升学生自信的关键。教师可以帮助学生设定明确的、可实现的锻炼目标，如每周跑步的次数、每次锻炼的时长等。当学生达到这些目标时，他们会感受到自己的进步和成就，进而增强自信心。

(4) 提供及时的反馈和鼓励。在学生进行锻炼的过程中，教师应及时给予反馈和鼓励。对于学生取得的成绩，教师要及时表扬，让学生感受到自己的付出得到了认可；对于学生遇到的困难和挑战，教师要给予鼓励和支持，帮助学生克服心理障碍，坚持锻炼。

(5) 组织集体锻炼活动。集体锻炼活动不仅可以增强学生的团队合作意识，还可以让学生在集体中找到归属感。教师可以定期组织班级或年级的集体锻炼活动，如运动会、户外拓展等，让学生在集体中展示自己的才能和实力，从而增强自信。

(6) 注重锻炼后的放松与恢复。锻炼后的放松与恢复同样重要。教师可以通过教授正确的拉伸方法、呼吸技巧等，帮助学生缓解锻炼后的疲劳和紧张，保持良好的身心状态。这样不仅可以避免运动伤害，还可以让学生更好地体验锻炼带来的快乐和成就感，进一步提升自信心。

通过以上措施的实施，可以帮助学生培养自信心。这不仅可以促进学生的身心健康，还可以培养他们的毅力、团队协作能力和自我管理能力，为他们的全面发展奠定坚实的基础。

在教学中，教师的期待对于学生有巨大的影响。学生的成长过程中，学生的智力、能力发展与教师的关注度是成正比的。当教师时刻关注学生，对学生充满期待，就会使学生产生一种努力改变自我、完善自我的进步动力，这种自信和动力能驱使学生把美好的愿望变成现实。教师能激发和调动学生内在的潜能，勉励其树立目标，发扬长处，克服自身的弱点，积极向上，进而产生学习和向上的动力。在学生努力的过程中，可能会遇到很多困难和挫折，可能不足和缺点会经常出现。教师要善于发现学生取得的进步，善于寻找学生的闪光点，以不断的期待来巩固和发展学生身上的优点与长处，让好的品质和能力得到发展，那些不足与缺点自然就会受到“排挤”，在不知不觉中减少，甚至消失。

期待效应，即“罗森塔尔效应”告诉我们：对一个人传递积极的期待，就会使他进步得更快，发展得更好；反之，若一味打击一个人，传递消极的期待则会使人自暴自弃，放弃努力。教师如果对学生的成长充满信心，抱着极大的期望去教育学生、引导学生，用各种方式激励学生，让学生深切感受到这种期待，并且转化为学习和生活中的强大动力，在这种动力的驱使下，学生的智力、情感、个性等会得到快速发展。

期待，往往营造美好的境界，促进学生成才。

案例：小闻（化名）是一个学习成绩中上、有上进心的学生。读小学时，他喜欢体育运动，不是特别重视学业成绩。到了五六年级，他想要报考市外国语初中部，于是和家人开始积极准备。但是他妈妈的文化水平不高，无法辅导他的功课。最终，小闻成绩欠佳，以三分之差无缘名校录取。

以就近入学方式就读我校初一的小闻，经过小升初的打击，一度有些消沉。班上四十几名初一新生到了新学校、新环境格外兴奋，小闻在其中却显得有些孤独。“同学们，我们班的班委干部由大家毛遂自荐，在全班发表演讲，以无记名投票的形式产生。请大家下课后积极报名，明天班会课上演讲投票。”笔者公布班级各个干部职位的职责和任职的要求后，同学们都跃跃欲试，很快就有三十多名同学报名竞选各种职位，但小闻没有报名。第二天，同学们的演讲很精彩。最终，几乎所有职位都有同学高票当选，除了第六组组长。小闻在小学时做过体育委员，相比其他同学，他应该是不错的组长人选，但他没有参加竞选。“小闻，你喜欢体育运动吗?”放学后，笔者找小闻聊天，为了让有点紧张的他放松下来，笔者试着寻找他感兴趣的话题。“喜欢呀，我喜欢打篮球，游泳，跑步。”他开心地回答，表情自然了许多。接着，笔者非常诚恳地告诉小闻我遇到了一个难题，需要他帮忙出谋划策。笔者充满信心地看着他说：“小闻，如果你能做你们第六组的组长，一定能带着小组成为最棒的小组。”小闻挣扎了很久，终于说：“好吧，我试试。”小闻是个内向的孩子，在刚刚成为组长时，他的工作方法比较简单，会因为太“较真”而缺乏灵活性，

这时候班主任的“力挺”非常重要，可以帮助他树立组长威信，再适时指导他学会跟人沟通，既要开展好小组工作，又要善于协调好人际关系。

为了增强小组凝聚力，笔者决定在星期一下午的班会活动上进行小组展示。小闻告诉笔者，每次他回答问题或者上台时都感到胆战心惊。提高语言表达能力也不能一蹴而就，尤其是如小闻这样内敛低调的孩子，更要循序渐进。于是，笔者建议他先自己对着镜子演讲，每天早中晚各两遍；练习三天后，每天早晚在家里，站在父母面前演讲一遍，要求声音洪亮，请他们每天提出更改建议；在父母面前展示三天后，利用课间或者放学后的时间，在操场的角落里，在小组其他六名同学面前每天展示几次，循序渐进，克服胆怯。激动人心的小组展示到了，小闻小组的七个孩子雄赳赳、气昂昂地举着画着“雄鹰展翅”的组徽，铿锵有力地喊着“雄者争雄，王者争霸，展翅翱翔，独霸天下”的口号，昂首阔步地走上舞台，立刻赢得全班同学们的欢呼鼓掌。

一天中午，笔者一来到教室，就发现小闻趴在课桌上，无精打采。笔者了解了一下班级其他学生的测试成绩，大多在正常范围内，没有太大的起伏。但是唯独小闻小组中有三个学生的成绩下降，其中小闻的成绩下降最多。于是，笔者找他谈心并建议他在小组内成立互助小组。以后小闻不懂的题目和重要的知识点，利用课间先去主动请教数学最好的城和英语最棒的小怡，再去讲给学习最薄弱的小乾和小彬听，这样既让自己得到提高，也帮助了小组同学。如果小闻能把小组管理与学习很好地结合起来，他和组员的成绩就有望提高了。到了期末考试，小闻小组在他的带领下，整体进步很大，原本退步的另外三个孩子也有所提高。小闻成绩总算稳定了，数学成绩总是名列全班前茅，英语和语文成绩也排到了前十。当笔者在全班宣布小闻荣获最大进步奖时，教室里响起雷鸣般的掌声，他的组员们更是称他为“黑马”……

小闻在初一下学期成了学校纪检部的副部长。每到学生会轮值时，小闻就会把小组的工作暂时委托给他们组非常负责、积极的小怡，事无巨细地交代，一回到班级就会找小怡交接小组事务。初二年级下学期，小闻成了学校学生会副主席，他以更加良好的状态应对着新的工作带来的新挑战。在他的带动和榜样示范下，他们小组在班级各项活动的评比中总是毫无悬念地名列第一。初中毕业时，小闻被评为区优秀学生干部，同时以年级前十的优异成绩考入市外国语学校。

四、结语

案例中小闻的蜕变，在于他积极向上、有进取心，教师的期待激发了他的自信，调动了他的内驱力，使他能克服困难。当他感受到教师对他的殷殷期待，对他的关怀和鼓励时，他就会产生强烈的上进心。教师适时地给他机会，鼓励他抓住锻炼的契机，培养他的领导能力，经常帮助他克服胆怯和不足。相信小闻会越来越出色，凭着自己卓越的领导能力，他一定会在高中、大学、社会中实现自我，服务他人，造福社会。总而言之，培养学生自信心不是一朝一夕的事情，除了学生自己努力之外，教师也要提高自身的文化素养和道德修养，加强家校合作，致力于培养出自尊自信的新时代社会主义的建设者和接班人。

参考文献

[1] 林建华．中学心理教育模式研究［J］．心理科学，2001（1）．

[2] 黄建勋．班主任如何加强中学生的心理辅导［J］．中学课程辅导（教学研究），2013（31）．

[3] 杨变云．积极心理教育：中学心理教育的重心［D］．北京：首都师范大学，2006.

项目九　学习落后的心理辅导

学习落后是一个普遍存在的现象和问题，它源于多种因素，如缺乏学习方法、家庭环境不良、社交压力等。然而，对于学习落后学生来说，他们不仅需要学术上的帮助，更需要心理上的支持和辅导。下面将从学习落后的定义和原因入手，通过分析学习落后学生的心理问题及其影响，探索对学习落后学生进行心理辅导的有效策略。

一、学习落后的定义和原因

学习落后是一个相对概念，是指学生在学习过程中，出现下滑或停滞不前的现象，表现为学习成绩明显低于同龄学生的平均水平。

学习过程中造成学习落后的原因大致可以分为内在原因和外在原因两方面。

（一）内在原因

一般来说，学生学习落后的内在原因主要包括以下三个方面。

1. 自我观念局限

学生可能因为自我评价过于消极，如认为自己不聪明、记忆力差、学不会等，从而限制了自己的学习潜能，导致学习落后。

2. 学习习惯不良

学生没有养成良好的学习习惯，如不能按时完成作业、拖延时间、抄袭等，这会严重影响学习效果。

3. 学习动力不足

学生缺乏明确的学习目标，对学习没有兴趣，或者对学习持有错误的观念，如认为学习是为了应付家长或老师，而不是为了自己的发展，这会导致他们的学习动力不足，从而影响学习成绩。

（二）外在原因

而学生学习落后的外在原因主要有以下三个方面。

1. 家庭环境

家庭环境、父母的期望和教养方式等都可能影响学生的学习。例如，父母对孩子的期望过高，给孩子过大的压力，可能会导致孩子产生逆反心理，影响学习；父母对孩子的学习疏于管理，不能及时发现和解决问题，也可能导致孩子学习落后。

2. 学校教育环境

学校教育环境也可能影响学生的学习效果。例如，学校的教育理念和方法可能不适合某些学生，导致学生学习困难；学校的教学资源不足，无法满足学生的学习需求，也可能导致学生学习落后。

3. 授课教师的教学

授课教师的教学内容、教学策略和教学风格对学生的学习也有直接的影响。爱屋及乌，喜欢一个教师也会喜欢这个教师的课堂；而不喜欢一个教师，也会影响学生对这个教师所教授学科的喜爱程度。

孩子学习落后，有的是因为“不愿意学”，由于焦虑等原因会出现注意力不集中、缺乏自信等情况，属于情绪和精神心理障碍。有的则是因为“不能学”，存在多动症、孤独症、阅读书写障碍、精神发育迟缓等状况，属于神经系统发育问题。还有的是“无效学习”造成的落后。本书主要对前两种“不愿意学”的学习落后成因进行分析。

不少“不愿意学”的孩子是在学习的过程中经历了真实的挫败，对学习产生无能为力的心理负担，自我效能感低。家长的指责、老师的批评或者周围其他人的失望情绪等消极的反馈会影响学生的自我认知。一个人如果长期处于焦虑中，大脑也不可能会集中注意力去学习。在这样的情况下，谈何高效率的学习呢?

“不愿意学”的孩子不会进行自我学习策略的调整。比如，学生在学习过程中缺乏合适的学习策略，导致他们在某些学科上学习吃力，成绩落后。

“无效学习”就是学生看似上课时认真听讲，把教师在课堂上讲的内容都记录下来，满满当当地记笔记，实则检测起来成绩还是落后的学习表现。

二、学习落后学生的心理问题及其影响

第一，学习落后的学生受到智力、学习态度、学习方法、学习环境、社交情感、行为习惯、性格等多种因素的影响，在学习能力、学习态度等方面存在明显的问题，常常产生较严重的焦虑情绪以及承受着较大的压力。他们常常会担心自己的学习成绩不如其他同学，或者担心受到老师和家长的批评，导致他们对自己失望。这种焦虑和压力会导致学生出现无法集中精力学习的情况，从而进一步加剧他们学习落后的状况。

第二，学习落后会导致学生自尊心受损。他们容易产生自己不如其他同学聪明或者能力不足的想法，进而会出现自我怀疑和自我否定的心态。自尊心受损会影响学生的心理健康，并对他们的学习和成长产生负面影响。

第三，学习落后的学生容易表现得缺乏自信，觉得自己无法赶得上其他同学的学习进度或者无法取得好成绩。缺乏自信通常会导致学生放弃努力甚至放弃学习，并且对自己的能力和潜力产生怀疑，进而阻碍他们的学习进步和自我发展，对学习产生厌烦和抵触情绪。这种厌学情绪会让学生对学习失去兴趣，影响学生的学习成绩和未来的发展。

第四，学习落后的学生会面临社交问题。他们会因为学习成绩不好而感到自卑，无法自信地与同学交往，建立良好的人际关系，从而影响他们的心理健康和社交能力的发展。

第五，学习落后的学生可能会因为长期面临心理问题而出现各种心理障碍，如抑郁症、焦虑症、学习障碍等。这些心理障碍会影响学生的学习成绩和日常生活，甚至可能对他们的身心健康产生长期的负面影响。

总而言之，学习落后容易导致学生出现缺乏自信、自尊心受损、学习压力过大、社交障碍等问题，从而导致焦虑、抑郁等心理问题的产生，对学生的身心健康和未来发展产生严重的负面影响。因此，心理因素对学习落后学生的影响不容忽视，针对学习落后的学生进行心理辅导尤为重要，为了帮助他们克服这些问题，教师需要采取有效的心理辅导策略。

三、学习落后的心理辅导策略

（一）建立良好的关系

笔者刚接手所管班级的第一节化学课时，班级里的 L 同学竟然在课堂上掀桌子。课后，笔者先调整了自己因为上课被打断、定好的教学任务未完成而产生的愤怒情绪。接着，笔者找到 L 同学，关心他和周围的同学是否受伤。然后笔者开始了解情况，原来是他前面的一个同学与他在上节课的课间产生了矛盾，在课堂上又因为别的琐事爆发冲突。后来，在谈话中笔者心平气和、循循善诱地引导 L 同学说出课堂上“掀桌子”行为的不恰当之处。笔者和L同学之间的相识过程可以说是不怎么愉快的，但笔者本着与他建立一段良好的师生关系的原则，没有对他进行严厉的指责和批评。不过，对这样棘手的“刺头”学生肯定是不能没有约束的，笔者与L同学约定当他与同学发生矛盾、对教师处理的结果不满意时，可以等下课的时候跟教师沟通，教师会帮助他解决问题。后来处理过其他的不少与L同学有关的事件，基本上是他与同学拳脚相向，要么是他受伤，要么是对方受伤，抑或是两者都是伤痕累累。笔者总是秉持着公平公正的原则处理，对事不对人，不因为他以往的表现和成绩的好坏来判定谁对谁错。有时候是他有错在先，有时候也的确是对方有错在先。慢慢地，笔者发现他与同学闹矛盾后，动手的次数在下降，找教师解决问题的次数在上升，这是一段良好师生关系的开始。

（二）促进家校合作

在一次的数学课上，其他孩子正在聚精会神地听讲，L同学不停地玩弄着喝水的水杯，还时不时发出刺耳的声音。数学教师再三提醒也没有用，只好没收水杯并当众批评了他。没想到，L同学突然紧握双拳，浑身颤抖，恶狠狠地瞪着教师。教师刚想再说点什么，只见他突然站了起来，一直盯着教师，甚至辱骂了教师。为了不影响教学进度，无奈之下，教师把他交给了笔者这个班主任。

笔者把他领到办公室，希望能缓解他的情绪。不承想，他根本不买账，一直盯着笔者，什么话也不说，眼神充满“杀气”。笔者使尽十八般武艺，或软声安慰或严肃批评，他都拒绝开口。笔者干脆不理他，让他在办公室坐着。一节课时间过去了，L同学主动走到笔者面前，跟笔者说起事情的来龙去脉。原来数学教师曾经说过上课不好好听讲就要跟家长联系。刚刚他和数学教师起冲突也是因为数学教师提醒他了好几次都没有用，于是，提醒他会跟家长联系。说到跟家长联系，可是触到L同学的“软肋”。在笔者的再三追问下才知道，如果收到学校的投诉，他的爸爸肯定会动手打他。当提到爸爸的打骂时，他的声音都开始颤抖起来。慢慢地，他平复了心情，笔者让他自己说一说这次有哪些做得不对的地方。L同学一一说了自己的错处，又哀求笔者能不能不把此事告诉他的家长。笔者没有回答，反问他：“错误已经造成，应该如何弥补？”他低着头不说话，过了好一会终于说出：“我给数学教师道歉并写保证书。”笔者告诉他：“道歉是一定要有的，至于与家长沟通，我还要与数学教师商量。但我会跟你的父母说不能打你。”L同学知道笔者的原则一直是说到做到，这才放下心回到教室去上课。经过与数学教师的商量，我们一致决定把L同学的家长请到学校来。

当着L同学和他父母的面，笔者说了此次事件的缘由。在父母、教师的面前，L同学给数学教师道歉，并保证以后会在课堂上遵守纪律。笔者要求他把这件事情写下来做一个书面形式的保证。笔者又单独跟他的父母聊了一会，也把他一直的担忧跟他的父母说出来。

笔者告诉L同学的父母“溺爱孩子会让孩子形成‘以自我为中心’的意识，而压力会

让孩子变得焦躁不安，这些都是造成孩子偏执的罪魁祸首，而偏执更是形成过激行为的主要因素”。L 同学一直以来的过激行为和他的成长环境有密切关系。通过一番交谈，笔者了解到，他的爸爸脾气比较暴躁，孩子稍有过错便拳脚相加。受家庭影响，L 同学的性格也变得冲动、倔强，动不动就生气。他的妈妈也意识到孩子存在一些过激行为，却苦于找不到解决的办法。家里孩子多，处于老二位置的 L 同学，上有优秀的姐姐，下有年幼的弟弟，在家庭中所承受的忽视可能比笔者想象中的还多。找到问题的症结，自然要寻求解决的途径和方法。笔者先从一个教师的角度，直面问题，提醒父母对待孩子要多一点爱心和耐心，最后从为人父母的角度，在家庭教育方面上，给他的父母提出了一些建议，以便提高孩子的心理弹性。

此后，笔者也经常关注 L 同学。当他取得点滴进步时，笔者都会与其父母分享，遇到有关 L 同学的矛盾事件处理时，笔者也会强调家长要注意教育的方法，从而促进家校合作，共同助力 L 同学的成长。

苏霍姆林斯基曾经说过，“没有家庭教育的学校教育和没有学校教育的家庭教育，都不可能完成培养人这样一个极其细微而复杂的任务”。

（三）挖掘潜力，放大“闪光点”

L 同学易怒、易冲动，与同学之间一有点矛盾就能上升到动手的程度，课堂上不太能注意听讲，一旦有让他不满意的地方就会撒泼哭闹，学习成绩也落后，属于典型的学习落后。小学中高年级后，各科学习难度逐渐拉开距离，像他这样的学生基础不牢固，更是处于落后的水平。上课时，笔者时常发现他走神开小差，处理过几次他跟别的同学的课堂矛盾。于是，笔者借着每节课都会进行的词语听写任务，帮助 L 同学作出改变。笔者先在前一天的家庭作业里布置听写，然后，第二天再听写一模一样的内容。在一次听写中，笔者惊喜地发现 L 同学竟然拿了第一。笔者在班级里狠狠地夸了他一顿。这样的听写不难，可对于他来说，取得这样的好成绩却难能可贵，他落后太久了。笔者看到 L 同学的眼睛一下亮了起来，好像是尝到了久违的甘露那般惊喜。从此以后，他的化学听写简直是有了天翻地覆的变化，基本每次能做到全对，即使错了也会主动订正好拿给笔者检查。于是笔者在一月一次的评比中设置了一个化学科目的听写之星奖项，并根据他最近的表现颁发奖项给他。每个月班级里会评比选出一名行为规范标兵生，笔者在班级实行的是学生分小组的自主管理模式，每天一个小组当值，分别管理早操、眼操、课前准备、作业、卫生等方面，实行轮流管理，最后“班级优化大师”进行加减分。每个月的行为规范标兵都会根据“班级优化大师”的积分来进行评比。有一个月笔者竟然发现 L 同学的积分与其他几位平时表现优异的孩子并列第一。不仅是笔者，班级的其他同学对此也感到很惊讶，因为是并列第一，所以需要班级同学一起投票，决定谁是当月的行为规范标兵生。结果是超过一半的孩子给他投票，其中有不少孩子说：“他最近做眼操、早操都可认真了，所以加分不少，而且化学课上总是积极举手、回答问题。”同学们看见了 L 同学的努力，大家都同意 L 同学进步很大的看法，于是我把这项殊荣颁发给他。

（四）多赞美，约束行为，循循善诱

L同学的改变让笔者更相信表扬积极向上的行为，反复激励积极向上的行为可以约束不良行为。班上有另外一个个性好动，不遵守纪律的男孩W，他上课爱做小动作、说悄悄话，教师的批评教育对他几乎不起任何作用。记得一次上课时，笔者像往常一样让学生在课前背诵之前所学的化学公式，而W一如既往地在做小动作。为了不让W影响到其他同学，笔者站到了W的身边。W没有带课本，于是笔者便将课本放在了他的面前，同时用手指着公式跟他一起朗读。在这个过程中，笔者发现他试图跟读，但因为他之前没有认真听讲而无法跟上笔者的节奏，笔者明白此时的他已经尽力了。朗读结束，笔者立即点名表扬了W。也许是以前受到教师或者家长的表扬太少，当笔者表扬W时，发现了他少有的害羞的表情。笔者答应送给他一个小礼物作为对他取得进步的奖励，而且让全班同学给了他一个鼓励的掌声。从这件事之后，笔者肯定W的每一点进步，在课堂上也总会给他展示的机会，慢慢地，他渐渐改掉了之前的坏毛病，成为课堂上认真听讲的学生。当笔者让全班同学都向他学习时，他们更是情不自禁地给了他热烈的掌声。

L和W两个学生的转变给了笔者很大的感触，原来每一个孩子都需要表扬，每一个孩子都渴望得到肯定与鼓励，也许一句微不足道的表扬，一个肯定的眼神，就可能成为他内心温暖的阳光！通过这件事笔者明白了要发现孩子的优点，并用无微不至的师爱呵护他们，总有一天他们会作出改变并变得优秀。

四、对学习落后学生进行心理辅导的有效措施

作为一线教师，通过身边学生的实际案例，不难发现学习落后学生的心理问题主要是自卑、焦虑、抑郁等，而这些心理问题主要受到家庭、学校和社会等多方面因素的影响。因此，通过心理辅导帮助学习落后学生克服心理问题，提高学习成绩和生活质量是非常重要的。针对这些问题，可以考虑采取以下心理辅导策略，对学习落后学生进行心理辅导。

（一）建立信心

学习落后的学生往往缺乏信心，认为自己无法取得好成绩或无法跟上其他同学。因此，建立信心是心理辅导的重要步骤之一。教师要先和学生建立信任关系，尊重学生的个性差异，倾听他们的想法和感受，给予他们积极的反馈和支持，让他们感受到教师的关心和爱护。肯定学生是增强他们自信心的有效方法。教师应该关注学生的优点和进步，可以通过及时给予鼓励、肯定和奖励等方式来帮助学生认识到自己的潜力和优点，让学生感受到自己的努力得到了认可，从而增强他们的自信心。

（二）设定目标

设定可实现的目标是帮助学生建立自信的关键。学习落后的学生往往对自己的能力缺乏信心，因此，为他们设定可实现的目标可以让他们看到自己的进步和获得成就感，从而逐渐增强自信心。教师可以帮助学生制订实际可行的学习计划，并设定短期和长期目标。这些目标应该具有可衡量性、具体性和可实现性，以便学生可以清楚地了解自己的学习进度。同时，教师应该对学生的期望适度，不要过度或者过于强调他们的学习成绩，而应该多关注他们的兴趣爱好和个性特点，鼓励他们尝试新事物，发挥自己的优势。

（三）改进学习方法

学习落后的学生可能没有掌握适当的学习方法。教师可以为学习落后学生提供个性化的辅导和支持，针对他们的学习特点和需求制订辅导计划，让他们面对学习时能减少畏难、逃避的负面情绪，在心理上增强对学习的信心和积极性。教师可以协助学生制订合理的学习计划，帮助学生掌握正确的学习方法和技巧，帮助学生分析和解决学习的问题。教师还可以为学生提供必要的学习技巧和策略，例如，教他们制订学习计划、管理时间和资源、处理信息等。这些技巧和方法可以帮助学生学习更有效率，增强学习效果。

针对学习落后学生存在的学习障碍，如注意力不集中、记忆力差、理解能力弱等，教师可以针对不同的学习障碍采取不同的指导和辅导方法。例如：对于注意力不集中的学生，可以教授他们一些注意力集中的技巧和方法；对于记忆力差的学生，可以教授他们一些记忆技巧和方法等；针对阅读能力较弱的学生，可以教授阅读技巧和方法，并培养学生的阅读兴趣；针对缺乏自我管理能力的学生，如无法按时完成作业、无法合理安排时间等，可以教授一些自我管理技巧和方法，帮助学生提高自我管理能力，更好地应对学习中的挑战。此外，教师可以通过定期评估学生的学习进展和表现，发现学生的优点和不足，提有供针对性的指导和帮助。

（四）激发兴趣

兴趣是最好的老师。教师可以帮助学生找到学习的兴趣点，并鼓励他们尝试新事物。通过将学习和学生的兴趣结合起来，可以增加学习的动力和乐趣，提高学生的参与度，增强学习效果。

例如，教师可以组织各种各样有趣的学习活动和竞赛，开展一些小组活动或团队项目，激发学习的兴趣，吸引学生参与，从而培养他们积极学习的态度。教师可以通过创新教学方法和手段，帮助学生发现学习的乐趣和价值。此外，教师可以通过观察学生的表现和交流，了解他们的兴趣爱好和优势，鼓励他们发掘自我潜能，在自己擅长的领域中发挥自己的优势，提高自我认知和自我价值感。

（五）管理情绪

学习落后的学生可能会面临焦虑、压力和挫败感等情绪问题。教师可以教给他们情绪管理技巧，如深呼吸、放松训练、认知重构等，以帮助学生更好地应对这些情绪问题。这些技巧不仅可以帮助学生平稳情绪，还可以提高学生的学习效率。

学习落后学生往往存在消极情绪，如自卑、焦虑、抑郁等，缺乏自信心，认为自己不如其他同学。教师可以设置一些简单的任务，在学生完成后通过鼓励、赞赏、肯定等方式，增强学生的自信心，培养他们的积极情绪，让他们感受到自己的价值和成就感。同时，教师也可以开展多样多元化的活动教授他们情绪管理技巧，帮助学生学习和掌握调节情绪的方法。

（六）鼓励与支持

鼓励和支持是学习落后学生所渴求的。教师可以为学生提供支持和鼓励，如颁发“夸夸卡”或者当场表扬、奖励和写鼓励信等方式，以增强学生的积极性和学习动力。这些支持和鼓励可以让学生感到被关注和支持，从而更有动力去追求自己的学习目标。

（七）调整心态

学习落后的学生容易对自己的能力或表现过于苛求，往往存在消极的心态，这种心态可能会阻碍他们的进步。教师应该帮助学生调整心态。比如，教师可以通过让学生观看励志电影、阅读励志的文章来引导他们积极看待自己的能力和潜力，鼓励他们尝试新事物和挑战自己，从而逐渐培养出积极的心态。学习落后的学生往往害怕失败或挫折，因此教师也要引导学生接受失败并从中学习，帮助他们认识到失败是学习和成长的机会，并鼓励他们从失败中吸取教训并继续前进。通过接受失败并从中学习，培养学生的逆向思维，让学生逐渐提高应对困难的能力。

（八）家庭参与

家庭是学生最温暖的港湾，是学生学习的重要支持者，对学习落后的学生在家庭层面的心理辅导需要家长的关注和支持。和谐、温暖的家庭氛围能够积极影响孩子的学习，家庭应该营造良好、和谐、温暖的氛围，让孩子感受到家庭的温暖和支持。家长应该关注学习落后学生的情感需求，倾听他们的需求和想法，尊重他们的意见和感受；家长应该与孩子建立良好的沟通方式，鼓励孩子勇敢表达自己的感受和想法，并及时给予积极的反馈和支持，引导孩子正确看待自己的学习问题，帮助他们建立积极的学习态度和行为习惯。可以让专业的心理辅导教师或者机构与学习落后学生的家长合作，帮助他们更好地理解和支持孩子的学习。例如，提供家庭教育的建议和方法、定期与家长交流学生的学习进展等。这些措施可以增强家庭与学校、社会的合作，为学生学习提供更好的支持和环境。

五、结论

学生学习落后是一个常见的问题，对于许多学生来说，它可能会带来巨大的心理压力和困扰。学习落后的学生在学业、社交、情感等方面都可能面临各种挑战和困难，而这些问题会对他们的身心健康成长产生消极作用和造成负面影响。因此，及时、积极地对学习落后学生开展有效的心理辅导，对于学生个体、学生所在的家庭以及学校和整个社会都是至关重要的。

由于造成学习落后的原因是多方面的，其中包括内在和外在因素，需要从多方面入手，对学习落后学生进行有效心理辅导，提供全面的支持和帮助，帮助他们提高学习成绩、增强自信、促进心理健康、培养积极态度并建立良好的人际关系等，为他们的健康成长保驾护航，帮助他们克服困难并实现自己的学习目标。

参考文献

［1］郑信雄．如何帮助学习困难的孩子［M］．北京：九洲图书出版社，1998.

［2］陈文德．学习困难儿童指导手册：感觉统合积极疗法［M］．北京：中国少年儿童出版社，1996.

［3］梁威．学校课堂教学与学习障碍学生的矫治［D］．北京：北京雨林学习能力研究中心，1995.

［4］王大成．中小学生心理教育辅导新路径探索［J］．湖北教育，2021（2）.

［5］何丹．关于家校合作开展学生心理健康教育有效探讨［J］．新课程，2020（7）.